Vorwort.

In den Jahren 1911/12 habe ich bei F. A. Perthes, Gotha (jetzt Leopold Klotz Verlag ebenda) 2 Hefte „Völkerrechtsfälle“ veröffentlicht. Sie sollten — in Deutschland zum erstenmal — den Versuch darstellen, vorgekommene und erdichtete Fälle aus dem Völkerrecht für Übungen, Prüfungsarbeiten und für das Selbststudium zur Verfügung zu stellen. Der Erfolg dieses bescheidenen Heftchens ermutigt mich, 150 „Fälle“, die die Erfahrungen weiterer 15 Jahre und meiner 7jährigen akademischen Lehrtätigkeit verwerten, in dieser Sammlung vorzulegen. Nachdem das Völkerrecht nicht nur in diplomatisch-konsularischen, sondern auch in juristischen und volkswirtschaftlichen Prüfungen in — wenn auch immer noch nicht seine Bedeutung entsprechendem, aber doch immerhin wesentlich — höherem Maße Berücksichtigung erfährt, wird, so hoffe ich, die Sammlung nicht unwillkommen sein. Die Fälle sind im allgemeinen schwieriger als in meinen älteren Sammlungen; zu nicht geringem Teile werden sie auch geeignet sein, für die 6 wöchigen Arbeit in den Staatsprüfungen in Betracht zu kommen. Aus pädagogischen Gründen habe ich Literatur weggelassen und die Fälle bewußt nicht nach Materien geordnet — erstens, weil es die Aufgabe des Bearbeiters sein soll, das einschlägige Schrifttum selber zu finden, zweitens, weil damit dem Studenten ein Teil der Arbeit vorweggenommen wird, zu dem viele Fälle in verschiedene Gebiete eingereiht werden müssen.

Im Anhang habe ich unter I ein von mir erstattetes Gutachten als Probefall abgedruckt; Nr. II soll die Schwierigkeiten in der Rechtsquellenfeststellung im Völkerrecht veranschaulichen (vgl. dazu Strupp, Grundzüge des positiven Völkerrechts, 3. Aufl. 1926, S. 51); Nr. III, ein Gutachten des Weltgerichtshofs, soll einen Einblick in dessen Tätigkeit tun lassen und gleichzeitig lehrreich für die Behandlung eines völkerrechtlichen Falles sein.

Frankfurt a. M., 1. Juli 1927.

Strupp.

Sammlung von Rechtsfällen
zum Gebrauch bei Übungen

Rechtsfälle aus dem Völkerrecht

Mit einer kurzen Anleitung zur Bearbeitung
völkerrechtlicher Fälle und
drei Probefällen

von

Dr. Karl Strupp

Professor an der Universität Frankfurt a. M.,
Mitglied der Académie Diplomatique Internationale,
des Rates der Deutschen Gesellschaft für Völkerrecht,
Korresp. Mitglied des amerikanischen Völkerrechtsinstituts

Springer-Verlag
Berlin Heidelberg GmbH
1927

ISBN 978-3-662-31342-8 ISBN 978-3-662-31547-7 (eBook)
DOI 10.1007/978-3-662-31547-7

1. Ein Verbrecher verletzt einen Ausländer an Leib und Gut. Die Ministerialinstanz ruft die zuständige Polizeibehörde an, den Delinquenten zu verhaften. Sie läßt ihn bewußt entkommen. Haftet der Staat?

2. Die gesetzgebende Gewalt eines Staates erläßt ein Gesetz, durch das die Teilnehmer an einem Tumult, der sich gegen die Angehörigen eines bestimmten Staates richtet, amnestiert werden. Haftet der Staat und wie?

3. Der Gliedstaat B in dem Bundesstaat A erläßt in Widerspruch zu einem zwischen diesem und dem Staate C bestehenden Niederlassungsvertrag ein Gesetz, durch das C's Angehörige eine zu dem Vertrage in Widerspruch stehende Schlechterstellung erfahren. Kann sich A darauf berufen, daß er nach Lage der rechtlichen Beziehungen zu B keinen Einfluß auf dessen Gesetzgebung besitze?

4. Bei den Kämpfen, die sich in dem chinesischen Bürgerkriege zwischen Nord- und Südtruppen bei der Einnahme Nankings durch die letzteren (Frühjahr 1927) abspielten, wurden von den Eroberern, den Südtruppen, oder vom Mob erhebliche Ausschreitungen gegen Europäer und Amerikaner begangen. Können sich, wie es geschehen, deren Regierungen an die Regierung von Kanton (Südchina) halten? Liegt in dieser Inanspruchnahme eine völkerrechtliche Anerkennung der Kantonregierung? Wenn ja: in welchem Umfange und von wann ab?

5. Der Staat A beseitigt das Monopol, das zugunsten fremder Staatsangehöriger für die Entnahme gewisser Bodenschätze begründet war, durch Gesetz, ohne den Geschädigten Entschädigung zuzubilligen. Kann er das?

6. Der Staat A bestimmt durch Gesetz, daß Ausländer, die sich länger als ein Jahr auf seinem Gebiete aufhalten, ipso iure seine Staatsangehörigen werden. Hindert das die Staaten, deren Angehörigkeit die Fremden besitzen, zu ihren Gunsten gegebenenfalls einzuschreiten? Macht es einen Unterschied, ob die Fremden durch Vertrag mit dem Aufenthaltsstaate dessen Angehörigkeit erworben haben?

7. Der Staat A, der die völkerrechtliche Anerkennung des Neustaates B noch nicht ausgesprochen hat, überschreitet die Grenzen dessen Gebietes. Liegt ein völkerrechtliches Delikt vor?

8. Kann ein Staat unter dem Gesichtspunkte der Repressalien den Satz „pacta sunt servanda" einem Verletzerstaate gegenüber suspendieren?

9. Der Staat A betreibt mit ihm gehörenden Schiffen Personen- und Gütertransport. Eines seiner Schiffe wird von einem anderen gerammt und muß repariert werden. Nachträglich weigert sich der Kapitän zu zahlen. Als die an der Reparatur beteiligt gewesenen Firmen einen Arrest auf das Schiff erwirken, beruft er sich darauf, das Schiff stehe im Eigentum des exterritorialen Staates A. Mit Recht?

10. Am 27. August 1923 werden die italienischen Mitglieder der von der Botschafterkonferenz zur Absteckung der griechisch-albanischen Grenzen eingesetzten Militärkommission, an ihrer Spitze General Tellini, auf der Straße Janina-Argyrocastro auf griechischem Gebiet, aber in nächster Nähe der Grenze, von Unbekannten ermordet. In zwei Verbalnoten vom 29. wird italienischerseits die Verantwortlichkeit Griechenlands behauptet, in der zweiten heißt es wörtlich: „La Légation d'Italie a l'honneur de demander au nom du Gouvernement de Sa Majesté au gouvernement grec les réparations ci-dessous énumérées et spécifiées. Elles constituent un minimum compatible avec l'offense extrêment grave dont la Grèce s'est rendue responsable envers l'Italie:

1⁰ Le Gouvernement grec adressera ses excuses dans la forme la plus large et officielle au gouvernement italien ...

2⁰ Le Gouvernement grec fera célébrer en l'honneur des victimes du massacre, dans la cathédrale d'Athènes, un service funéraire solennel auquel devront intervenir tous les membres du Gouvernement;

3⁰ Les honneurs seront rendus au drapeau italien au jour même de la cérémonie sus-indiquée et exactement dans les formes ci-après indiquées: (folgt Aufzählung);

4⁰ Les autorités helléniques devront faire une enquête très stricte sur le lieu du massacre avec l'assistance de l'attaché militaire de S. M., Colonel Perrone di San Martino. Le Gouvernement grec sera tenu absolument responsable de la sécurité personnelle du colonel Perrone et lui facilitera de toute manière la tâche qui lui est confiée.

L'enquête devra être accomplie dans un délai de cinq jours après l'acceptation des requêtes ci-contenues;

5⁰ Tous les coupables seront soumis à châtiment capital;

6⁰ Le Gouvernement grec paiera au Gouvernement italien, à titre de pénalité, une indemnité de 50 (cinquante) millions de lire italiennes. Cette somme de 50 millions devra être versée dans le délai de 5 jours à partir de la remise de cette note;

7⁰ Les honneurs militaires en forme solennelle seront rendus aux dépouilles mortelles des victimes à Prévésa au moment de leur transport à bord d'un navire italien.

... La légation royale attend la réponse du Gouvernement hellénique à cette note dans un délai maximum de 24 heures."

Auf diese Noten hat Griechenland am 30. August geantwortet. Es hat in einer Note nachdrücklichst schärfste Verfolgung der Schuldigen und Einstehen für jede Nachlässigkeit seinerseits versprochen. In einer zweiten Note werden die bisher getroffenen Maßnahmen zur Ergreifung der Attentäter geschildert, gleichzeitig aber wird eine

Rechtsverwahrung gegen die Haftbarmachung der griechischen Regierung mit folgenden Worten eingelegt:

„Le Gouvernement hellénique ne peut que protester contre l'allégation qui tendrait à le rendre responsable d'une offense envers l'Italie. On ne saurait . . . sérieusement prétendre qu'une telle offense eut pu être faite soit intentionnellement, soit par négligence du Gouvernement hellénique qui ne pouvait ressentir aucune animosité contre la Commission italienne . . . On ne saurait, d'autre part, accuser de négligence le Gouvernement hellénique au sujet de la sûreté de la mission, attendu que, dans ce but, il avait mis à la disposition de la Commission un détachement spécial de soldats. Il importe de faire remarquer, en outre, qu'à cause de la présence des bandes de brigands albanais à la frontière, sur lesquelles le Ministère royal avait déjà attiré l'attention du Gouvernement albanais par deux notes verbales, les autorités du lieu avaient constitué plusieurs patrouilles. D'ailleurs, jamais des craintes on des soupçons pour la sûreté de la vie du général ou d'un autre membre de la Mission italienne ne furent exprimés et aucun recours au Gouvernement hellénique n'eut lieu à ce sujet. En conséquence, le Gouvernement hellénique considère comme injuste l'affirmation du Gouvernement italien contenue dans sa note verbale et d'après laquelle le Gouvernement hellénique s'est rendu responsable d'une grave offense envers l'Italie et se trouve dans l'impossibilité d'accepter les chefs de demande formulés aux nos 4, 5, 6 dans la note verbale et qui portent atteinte à l'honneur et la souveraineté de l'état."

Es folgt eine Aufzählung der angenommenen Punkte und die Bereitwilligkeit, den Hinterbliebenen der Opfer „par mesure d'équité" eine „juste indemnité" zu gewähren.

Italien antwortet am 31. August mit einer Note, in der es heißt: „. . . Aux justes demandes formulées par l'Italie à la suite du massacre barbare de la délégation militaire italienne accompli en territoire grec, le Gouvernement héllène a répondu en des termes qui équivalent substantiellement au rejet complet des demandes mêmes. Une telle attitude injustifiée met l'Italie dans la nécessité de rappeler le Gouvernement grec au sens de ses responsabilités. Partant les ordres ont été donnés pour le débarquement, dans l'île de Corfou, d'un contingent de troupes italiennes. Par cette mesure de caractère temporaire, l'Italie n'entend pas accomplir un acte de guerre, mais seulement de sauvegarder son propre prestige et de manifester sa volonté inflexible d'obtenir les réparations qui lui sont dues en conformité des usages et du droit des gens. Le Gouvernement italien souhaite que la Grèce ne commettra aucun acte qui pourrait faire changer la nature pacifique de cette mesure. Ce qui précède n'exclut pas les sanctions à prendre par la Conférence des Ambassadeurs pour le fait que la Délégation italienne assassinée faisait partie de la Mission pour la délimitation des frontières albanaises présidée par le très regretté général Tellini qui était le mandataire de la Conférence même.“

Nachdem in Verfolg dieser Note nach einem Bombardement, dem eine Reihe Zivilpersonen zum Opfer gefallen sind, Italien Korfu besetzt hatte, wandte sich Griechenland am 1. September unter Berufung auf Artt. 12, 15 der Völkerbundsakte an den Generalsekretär des Völkerbundes, der alsbald dessen Rat zu einer außerordentlichen Sitzung einberief. Nachdem am 4. September die Botschafterkonferenz von einer griechischen Erklärung Kenntnis genommen hatte, im Falle des Nachweises ihrer Verantwortlichkeit alle von der Konferenz als berechtigt anerkannten Reparationen zu leisten, erklärte sie: „que c'est un principe de droit international que les états sont responsables des crimes et attentats politiques commis sur leur territoire“ — eine Auffassung, der der Völkerbundsrat am 6. September beigetreten ist. Durch Zusammenarbeit zwischen Botschafterkonferenz und Völkerbundsrat ist dann eine Einigung erzielt worden, gemäß derer die griechische

Regierung Entschuldigungen aussprach gegenüber den diplomatischen Vertretern in Athen der drei Mächte, die in der Grenzkommission vertreten waren; ein feierliches Totenamt in Anwesenheit der gesamten griechischen Regierung wurde abgehalten, eigens zu diesem Tage nach Athen gesandte Schiffe Italiens, Frankreichs, Englands bei Halbmastflaggen von der griechischen Flotte salutiert, die Verfolgung und Bestrafung der Mörder wurden erneut zugesichert, eine Spezialkommission, bestehend aus Vertretern Frankreichs, Englands, Italiens, Japans unter Vorsitz des japanischen Delegierten zur Überwachung dieser Untersuchung eingesetzt, Italien „à titre de pénalité" 50 Millionen Lire gezahlt.

Eine Reihe zweifelhafter Fragen, die während des Verfahrens aufgetaucht waren, sind durch Beschluß vom 22. September 1923 einem besonderen Juristenkomitee vorgelegt worden, dessen Ergebnisse der Rat am 13. März 1924 akzeptiert hat.

Sie lauten:

1ère Question: „Le Conseil, saisi par un Membre de la S. d. N. d'un différend présenté par ce Membre comme „susceptible d'entraîner une rupture" conformément aux termes de l'article 15 du Pacte, doit-il, avant tout autre examen, soit à la demande de l'autre partie, soit d'office, se prononcer sur le point de savoir si, dans l'espèce, une telle qualification est bien fondée?" Antwort: „nein" mit dem Zusatz: „Le Conseil peut, à tout moment, apprécier la gravité du différend et régler en conséquence les modalités de son action."

2e Question: „Le Conseil, saisi, conformément à l'article 15, § 1, par un des membre des la S.d.N, doit-il, soit à la demande d'une partie, soit d'office, surseoir à l'examen du différend, quand, par une autre voie, se poursuit, du consentement des parties, la solution de ce différend?" Antwort: „Quand un différend est, contrairement aux termes de l'article 15, alinéa 1, porté devant le Conseil, à la requête de l'une des parties, alors que ce même différend fait déjà l'objet d'une procédure arbitrale ou judiciaire quelconque, le Conseil doit se refuser à procéder à l'examen de la requête."

„Si, d'accord entre les parties, la même affaire entre les dites parties se trouve avoir été précédemment portée devant une autre juridiction et s'y poursuivre régulièrement, ou se poursuivre de même par une autre voie, il est conforme aux principes généraux de droit que le renvoi puisse être demandé et ordonné".

3e Question: „L'exception déduite de l'article 15, § 8 du Pacte, est-elle la seule exception d'incompétence tirée du fond qui puisse être opposée à l'examen du Conseil?" Antwort: „Ja" — „notamment les réserves, généralement admises dans la plupart des Traités d'arbitrage, ne peuvent faire l'objet d'une exception opposable par l'une des parties. Le Comité croit utile de faire observer que, le cas échéant, le Conseil, en réglant les modalités de son action, devra tenir compte des engagements internationaux tels que les traités d'arbitrage et les ententes régionales qui assurent le maintien de la paix."

4e Question: ;,Des mesures de coercition qui ne sont pas destinées à constituer des actes de guerre, sont-elles conciliables avec les termes des articles 12 à 15 du Pacte, quand elles sont prises par un Membre de la S d N contre un autre Membre de la Société, sans recours préalable à la procédure prévue dans ces articles?" Antwort: „Des mesures de coercition qui ne sont pas destinées à constituer des actes de guerre peuvent être conciliables, ou non, avec les termes des articles 12 à 15 du Pacte, et il appartient au Conseil, saisi du différend, de décider immédiatement, en s'inspirant de toutes les circonstances et de la nature des mesures prises, s'il y a lieu de recommander le maintien ou la cessation de celles-ci."

5e Question: „A quelles conditions et dans quelles limites la responsabilité de l'état se trouve-t-elle engagée par le crime politique commis sur des étrangers sur son territoire?“ Antwort: „La responsabilité d'un état pour crime politique, commis sur la personne des étrangers sur son territoire, ne se trouve engagée que si cet état a négligé de prendre toutes les dispositions appropriés en vue de prévenir le crime et en vue de la poursuite, de l'arrestation et du jugement du criminel. Le caractère public reconnu que revêt un étranger, les circonstances dans lesquelles il se trouve sur le territoire de l'état entrainent pour celui-ci un devoir de vigilance spéciale à son égard.“ —

Die Gesamtheit der durch diesen Fall aufgerollten Fragen (mit Einschluß der Rechtsstellung der Botschafterkonferenz und der von dem Spezialkomité des Völkerbundes behandelten Probleme) ist zu untersuchen.

11. Vor Ausbruch des Krieges zwischen Bulgarien und England hatte der (Ex)König Ferdinand Vermögensbestandteile bei einem englischen Bankhause deponiert. Durch gerichtliche Anordnungen vom 30. Juli und 19. August 1919 wurde das Vermögen dem Solicitor of the Treasury als Treuhänder des englischen Königs zugesprochen. Am 19. Juni 1919 hatte eine Untersuchung festgestellt, daß die Vermögensbestandteile durch den Krieg dem englischen Könige verfallen waren. Am 19. November 1919 erging schließlich eine Anordnung des Board of Trade in Gemäßheit der Trading with the Enemy Amendment Act von 1919, durch die jene Vermögensstücke dem Kustoden übertragen wurden. Dies besagte, daß sie nach Ansicht des Board of Trade jedenfalls nicht dem König verfallen waren. Die Rechtslage ist — auch unter Berücksichtigung des Friedens von Neuilly — zu klären.

12. Im Oktober 1914 verklagt eine luxemburgische Handschuhfabrik vor englischem Gerichte die britische Regierung auf Zahlung der vor der Besetzung Luxemburgs durch die Deutschen an das englische Heer gelieferten Handschuhe. War das englische Gericht berechtigt, diese Klage eines „alien enemy“ abzuweisen?

13. Bei Ausbruch des deutsch-englischen Krieges (4. August 1914) befanden sich zahlreiche in England naturalisierte Deutsche in Berlin, die sujets mixtes waren. Sie wurden in Ruhleben interniert. War das zulässig?

14. Im Jahre 1891 wird auf englischem Schiff in englischen Küstengewässern einem deutschen Ehepaar ein Knabe geboren. Kann dieser, erwachsen, 1914 von den Engländern im Kampfe gefangengenommen, wegen high treason zur Verantwortung gezogen werden?

15. Die Truppen des Staates A verwenden

a) kostbare Gobelins,

b) altes, wertvolles Holzmöbel, die

1. fiskalisches Eigentum des Feindstaates,

2. Privateigentum von Angehörigen des feindlichen Staates sind,

zur Ausschmückung bzw. zur Befeuerung der Unterstände. Erlaubterweise?

16. Der Staat A erläßt ein dem Staate B unerwünschtes Einwanderungsgesetz. Was kann B machen? Kann er sich bzw. unter welchen Voraussetzungen

a) an den Völkerbund,

b) an die Haager Cour de justice wenden?

17. Ein Flugzeug landet im Frieden

a) auf einem Flugfeld,

b) auf bebautem Gelände,

c) im Festungsgebiete

eines fremden Staates. Quid iuris?

18. In zahlreichen Kriegsverträgen findet sich eine Klausel folgenden Inhalts: „Die Bestimmungen dieses Abkommens finden nur zwischen den Vertragsmächten Anwendung und nur dann, wenn die Kriegführenden sämtlich Kriegsparteien sind." Zwischen den Staaten A, B, C, D, E, F besteht ein derartiges Abkommen. Sie alle, außer D, haben ratifiziert. Zwischen A—F bricht Krieg aus. Die Truppen

D's können wegen örtlicher Entfernung nicht an ihm teilnehmen. Gilt das Abkommen trotzdem nicht?

19. Der Staat A begeht ein völkerrechtliches Delikt. Der verletzte Staat B begehrt Schadenersatz. Kann er auch kraft Völkerrechts Zinsen begehren? Auch Verzugszinsen?

20. Der Staat A hat gegen die Aneignung eines Kolonialgebietes durch B, hinsichtlich dessen er Verträge mit Eingeborenenstämmen abgeschlossen hatte, nicht protestiert. Muß er sie gegen sich gelten lassen? Hatte er überhaupt einen Rechtstitel auf Grund jener „Verträge", wenn B, aber nicht er, Herrschaftsrechte ausübte? Angenommen, er hätte selbst solche eine Zeitlang ausgeübt, sich aber dann um jene Gebiete eine Reihe von Jahren nicht gekümmert, kann B dann Verjährung behaupten?

21. In den 60er Jahren des 19. Jahrhunderts haben die Mächte eine Reihe für China ungünstige Verträge abgeschlossen. Kann letzterer Staat, der Völkerbundsmitglied ist,

a) als solches,

b) unter Berufung auf die Clausula rebus sic stantibus

jene einseitig für aufgehoben erklären?

22. Der Gesandte des Staates A im Staate B wird von unbekannten Tätern ermordet. A erhebt exorbitante Forderungen an B, die von diesem, da seine Verantwortlichkeit nicht bewiesen und die Untersuchung noch im Gange sei, abgelehnt werden. Darauf besetzt A Teile des Staatsgebietes B's als „Unterpfand" für seine Forderungen; B's Truppen leisten

a) unautorisiert,

b) autorisiert

Widerstand. A und B sind Völkerbundsmitglieder.

I. Ist A zu seinem Vorgehen berechtigt?

II. Liegt in B's Abwehr Krieg? Was sonst?

III. Darf B sofort zum Krieg schreiten? Vgl. auch Fall 10.

23. Auf Grund einer Reihe von Gesetzen haben in den Jahren vor dem Weltkriege deutsche Schutzgebiete Anleihen aufgenommen. Wer haftet für diese?

24. Der Staat A hat einen Staatsvertrag mit B ohne Zustimmung des Parlamentes (A's) ratifiziert. Nachträglich wird von B die Ungültigkeit des Vertrages behauptet, vom Kabinett A's mit Interpretationsargumenten bestritten. Ist der Vertrag völkerrechtlich als gültig anzusehen? Macht es einen Unterschied,

a) ob in dem Staate A die Möglichkeit einer Interpretation durch einen Staatsgerichtshof besteht?

b) Beeinflußt es die Rechtslage, wenn es sich um einen parlamentarisch regierten Staat handelt und wenn das Kabinett nach der Ratifikation ein Mißtrauensvotum wegen der Ratifikation nach Darlegung seiner Auslegung erhält?

25. Ein fremder Monarch besucht die Hauptstadt des Staates B. Durch das Verschulden eines plötzlich geisteskrank gewordenen Offiziers werden die Absperrungsmaßnahmen mangelhaft vorgenommen. Anarchisten ermorden den Monarchen. Haftet B?

26. Der Staat A hat einen Minderheitenschutzvertrag mit dem Staate B. Als A seine Minderheiten schlecht behandelt, wendet sich B, der gleich A Völkerbundsmitglied ist und das Statut der Haager Cour de justice angenommen hat, an den Völkerbundsrat. Kann A Art. 15 VIII der Völkerbundspakte geltend machen? Kann er sich an die Cour de justice wenden? Wie wäre die Rechtslage, wenn der Minderheitenvertrag nicht bestände? Insbesondere: könnte Italien im Falle Südtirol sich auf Art. 15 VIII berufen?

27. Das Völkerbundsmitglied A wendet sich an den Völkerbundsrat, weil das Nichtmitglied B einen zwischen A und B bestehenden Vertrag mißachte. Kann der Völkerbundsrat über die rechtlichen Grundlagen des Streites ein Gutachten der Cour de justice einfordern? Kann sich diese darauf berufen, B sei weder Völkerbundsmitglied noch an der Cour beteiligt?

28. Der Versailler Vertrag bestimmt in Art. 440 Gleichwertigkeit des französischen und englischen Textes. Kann bei Zwiespalt beider die Entstehungsgeschichte herangezogen und aus ihr das Vorgehen des einen Textes abgeleitet werden?

29. Nach Inkrafttreten des Versailler Vertrags hat Frankreich einen Gesandten nach München entsandt. Auf welche Vertragsnorm stützte sich diese Entsendung?

30. Der Staat X, der nicht Mitglied des Völkerbundsrates ist, wird von diesem zur Teilnahme an einer Ratssitzung eingeladen, weil eine seiner Interessen berührende Frage zur Debatte stände. Hat X in dieser Sitzung Stimmrecht?

31. Der Staat A, der in einem Streite vor der Haager Cour de justice auftritt, hat keinen nationalen Richter in dieser. Kann er und unter welchen Voraussetzungen ad hoc einen solchen ernennen?

32. Der Attaché des Staates A in B zielt in der Trunkenheit in einer Bar mit seinem Revolver auf die Waden einiger Tänzerinnen und verletzt diese. Kann er, wenn er sein Inkognito lüftet, zivil- oder strafrechtlich verfolgt werden? Eventuell wann und wo? Unterfällt er den Vorschriften über Polizeistunde? Wie wäre es, wenn ein Gast den Tänzerinnen zur Hilfe kommt und den Attaché niederschlägt?

33. Der Völkerbundsrat beschließt:
a) eine Resolution,
b) einen Wunsch.
Bedürfen diese der Einstimmigkeit?

34. Am 1. Januar 1926 tritt der Staat X dem Völkerbund bei. Am 15. März 1926 wird ihm von dem Nichtvölkerbundsmitglied Y der Krieg erklärt. Es steht fest, daß dieser darauf gerichtet ist, Teile von X abzutrennen. Welches sind die Pflichten des Völkerbunds?

35. Bezieht sich die in Art. 10 der Völkerbundspakte erwähnte „bestehende" politische Unabhängigkeit auf den Zeitpunkt des Eintrittes eines Staates in den Völkerbund oder den Zeitpunkt eines Angriffes?

36. In dem zum Völkerbund gehörenden Staate X bricht eine Revolution aus. Die Revolutionäre beabsichtigen

a) eine andere Staats-,

b) eine andere Regierungsform

einzuführen,

c) einen Teil von X für unabhängig zu erklären.

Welche Stellung darf der Völkerbund dazu einnehmen?

37. Der Völkerbundsstaat A erklärt dem Nichtvölkerbundsmitglied B den Krieg. Ist dies ohne weiteres zulässig? Welche Maßnahmen hat der Völkerbund zu treffen? Angenommen, der Mitgliedstaat C macht von Art. 11 Völkerbundspakte Gebrauch, kann ihm dies von A und B als unfreundliche Handlung ausgelegt werden?

38. Am 12. März bricht ein Streit zwischen den Völkerbundsmitgliedern A und C aus; er wird am 1. September der Cour de justice im Haag unterbreitet. Diese setzt die Behandlung des Falles auf die Tagesordnung der am 15. Juni des folgenden Jahres beginnenden ordentlichen Sitzung. Kann A gegen B den Krieg mit der Begründung eröffnen, daß er nicht ein Jahr warten könne; denn solange werde es bis zur Fällung des Urteils voraussichtlich dauern. Besteht eine Möglichkeit, eine außerordentliche Cour-Sitzung zu erzwingen?

39. Der Völkerbundsrat, der um einen Bericht in einer Streitsache angegangen ist, fertigt diesen

a) mit Einstimmigkeit } unter Nichtzählung der

b) mit $^2/_3$ Mehrheit } Streitteile

an. Welches sind in beiden Fällen die Rechtsfolgen? Dürfen die Streitteile an den Sitzungen teilnehmen? Auch wenn sie dem Rat nicht angehören?

40. Die Vollversammlung des Völkerbunds verfaßt einen Bericht in dem Streite zwischen

a) Völkerbundsmitgliedern,

b) dem Völkerbundsmitgliede X und dem Nichtvölkerbundsmitgliede Y.

Dem Berichte haben die Ratsmitglieder und die absolute Mehrheit der übrigen Völkerbundsmitglieder mit Ausnahme der Streitteile zugestimmt. Welche Bedeutung hat der Bericht?

41. Der Völkerbundsstaat A ist bundesbrüchig. Der Völkerbund stellt das fest und verhängt den Wirtschaftsboykott gemäß Art. 16 I über den Bundesbrecher. Der Mitgliedstaat C weigert sich, an dem Boykott teilzunehmen, da er neutralisiert sei. Ist er dazu berechtigt? Wie wäre die Rechtslage im Falle Art. 17 der Völkerbundspakte?

42. Der Staat A, der Völkerbundsmitglied ist, gerät mit dem Nichtmitglied B in Streit. Kann A dem B den Krieg ohne weiteres erklären? Wie ist es, wenn B bereit ist, „die Verpflichtungen eines Bundesmitgliedes für die Beilegung der Streitfrage auf sich zu nehmen" (Art. 17 III Völkerbundspakte), A ihm aber den Krieg ohne weiteres erklärt?

43. Das Völkerbundsmitglied A schließt

a) mit dem Völkerbundsmitgliede B,

b) mit dem Nichtvölkerbundsmitgliede C

einen Staatsvertrag am 1. Januar 1927 ab, unterläßt es aber, den Vertrag beim Völkerbunde eintragen zu lassen. Am 2. Juli 1927 verlangt B (C) von A die Erfüllung einer Vertragsverpflichtung. Kann sich A darauf berufen, daß der Vertrag nicht eingetragen und daher ungültig sei? Macht es einen Unterschied, wenn B erst am 1. März 1927 dem Völkerbunde beigetreten ist?

44. Der Staat A hat nach erfolgter parlamentarischer Zustimmung einen mit B abgeschlossenen Staatsvertrag ratifiziert. Der ordnungsmäßige Austausch der Ratifikationsurkunde hat stattgefunden. In einem auf Grund des Volksbegehrens nachträglich in A stattgefundenen Volksentscheid wird der Vertrag verworfen. Ist A gleichwohl völkerrechtlich gebunden?

45. Zwischen den Völkerbundsstaaten A und B besteht ein — unzweifelhaft — durchaus veralteter Staatsvertrag, der keine Aufhebungsklausel enthält. Kann A

a) ihn einseitig kündigen,

b) vom Völkerbunde die Proklamierung der Ungültigkeit fordern?

46. Der Staat A hat ein Defensivbündnis mit B 1922 abgeschlossen. 1923 wird A Völkerbundsmitglied. Das Völkerbundsmitglied C, das sich durch das Bündnis bedroht fühlt, erklärt im Völkerbund, daß die Allianz A mit Wortlaut und Geist der Völkerbundssatzung unvereinbar sei. A wendet ein:

a) B sei Nichtvölkerbundsmitglied, daher sei die Völkerbundssatzung für B res inter alios,

b) ein Defensivbündnis sei auch ein Kriegsverhütungsmittel.

47. Der Staat A ist im Verhältnis eines A-Mandatsstaats zu dem Völkerbundsstaate B. Dieser hat — ordnungsmäßig — dem Staate C den Krieg erklärt. Muß der Unterstaat A auf Seiten B's teilnehmen?

48. Wie ist Nr. 47 bei B- und C-Mandaten zu entscheiden?

49. Kann der Völkerbund einem Mandatenstaate das Mandat abnehmen und eine beliebige andere Macht damit belehnen?

50. Der Mandatarstaat A errichtet im Mandatsgebiete B, das von ihm nach den

a) für B-

b) für C-

Mandate geltenden Grundsätzen verwaltet wird, Flottenstützpunkte und zieht die Eingeborenen zur militärischen Mitwirkung

a) in europäischen,
b) Kolonialkriegen
heran. Ist das zulässig?

51. Kann ein Völkerbundsmitglied sich der dreijährigen Karenzzeit der Art. 1 III der Völkerbundspakte dadurch entziehen, daß es eine Änderung der Satzung nach Art. 26 ablehnt?

52. Deutschland läßt im Falle eines Aufruhrs, mit dem die örtlichen Polizeibehörden nicht fertig werden können, Truppen in die nach Art. 42 V.V. befriedete Zone unter Berufung auf Notstand einrücken. Welches sind die Rechtsfolgen nach Versailler Vertrag und Locarnopakt? Wer entscheidet, ob Deutschland berechtigt war?

53. Kann das Saargebiet selbständig dem Weltpostverein beitreten?

54. Ein Polizist des Saargebietes verhaftet einen bei der deutschen Regierung akkreditierten Botschafter. Haftet das Reich? Wer sonst?

55. Der Gesandte A's bei B wird in transitu auf dem Gebiete C's wegen früher verübter strafbaren Handlung verhaftet. Zulässigerweise?

56. Nach § 27 nach Art. 50 V.V. behalten die Saarbewohner die deutsche Staatsangehörigkeit. Ein Saarländer verletzt in Saarlouis einen Exterritorialen. Muß die Reichsregierung nach völkerrechtlichen Grundsätzen einschreiten?

57. Zwischen Deutschland und Frankreich bricht ein Streit über die Auslegung einer Bestimmung der Anlage nach Art. 50 V.V. aus. Wer entscheidet? (Es wird unterstellt, daß der Streit nach Abschluß des Locarnopakts entstanden ist.)

58. Gelten die Grundsätze über Staatensukzession auch hinsichtlich des vormals deutschen Staatsguts in Elsaß-Lothringen? Wie ist es in den an Polen abgetretenen deutschen Gebietsteilen?

59. Wie sind die Eigentumsverhältnisse an den Rheinbrücken im Bereiche von Elsaß-Lothringen?

60. Der Deutsche A hat eine Vorkriegsforderung an den Engländer B. Kann er sie einklagen? An wen kann er sich halten? (Das Verfahren ist zu schildern.)

61. Ein deutsches Gericht in Elsaß-Lothringen hat am 20. März 1918 ein Urteil im Prozesse

a) des Holländers C,

b) des Franzosen D

gegen den Elsässer X gefällt. Kann dieses am 20. November 1919 vollstreckt werden?

62. Die deutsche Reichsverfassung sieht in Art. 61 die Teilnahme österreichischer Delegierte im Reichsrat vor. War diese — suspendierte — Norm mit Art. 80 V.V. unvereinbar, wie die Entente behauptet hat?

63. Darf Polen in Danzig postalische Befugnisse ausüben, insbesondere durch polnische Postboten Briefe bestellen lassen?

64. Darf Polen in einem Kriege mit Rußland das Gebiet Danzigs als Durchgangsgebiet für Truppentransporte benutzen? Darf es in Danzig Munition usw. landen und durchführen lassen?

65. Kann

a) Danzig in einem Kriege Polens,

b) ein protegierter Staat in einem Kriege des Protektors

neutral bleiben?

66. Durch Versailler Vertrag sind die deutsch-türkischen Verträge vom 11. Januar 1917, die auf dem Prinzipe der Staatengleichheit aufgebaut waren, „aufgehoben“ worden. Wäre die Türkei gleichwohl berechtigt gewesen, aus diesen Verträgen Rechte herzuleiten?

67. Nach Art. 127 V.V. erwarben die Eingeborenen in den vormals deutschen Schutzgebieten Anspruch auf den diplomatischen Schutz der Regierung, die über diese Gebiete die behördliche Gewalt ausübt. Ein Eingeborener von Samoa, das Neuseeland unterstellt ist, wird von den Behörden Javas verhaftet. Kann Neuseeland unter Berufung auf Art. 127 seinen Schutz gegenüber Holland wahrnehmen? Wie wäre — mutatis mutandis — die Rechtslage im Falle eines in Stockholm (Moskau) verhafteten Saarländers?

68. War Frankreich zur Ruhrbesetzung nach Maßgabe des Versailler Vertrags berechtigt?

69. Die Hinterbliebenen eines von englischen Geschossen im Weltkrieg getöteten französischen Zivilisten klagen gegen Deutschland auf Unterhalt. Ist das den Bestimmungen des Versailler Vertrags gemäß?

70. Können Geißeln, die während des Weltkrieges von Deutschland gemacht worden sind, von Deutschland Entschädigung verlangen?

71. Wie ist das Verhältnis von Anlage I Ziff. 9 nach Art. 244 zu Art. 297 V.Vs.?

72. Während des Weltkrieges hat die Türkei in umfassendem Maße Heereseinkäufe, insbesondere Uniformen usw., in Deutschland vorgenommen. Nach der Revolution haben die deutschen Gläubiger mit der Begründung, die Hinterlegung sei in ihrem Interesse erfolgt, Arrest auf türkische Guthaben bei Bleichröder legen lassen. War das zulässig?

73. Ein der französischen Besatzungsbehörde im Rheinland angehöriger Offizier läßt in seiner Wohnung elektrische Beleuchtungskörper von ausgesuchter Pracht anbringen, auch schafft er sich ein Bett an, das einem französischen König des 17. Jahrhunderts gehört haben soll. Muß das Deutsche Reich die Kosten erstatten?

74. Der Deutsche A hatte eine Bergwerkskonzession in Rußland. Muß es Rußland anerkennen, daß Deutschland nach Art. 260 V.V. diese Konzession auf Verlangen Frankreichs erwerben und an den Wiedergutmachungsausschuß abtreten mußte?

75. Rußland hat nach der bolschewistischen Revolution alle zaristischen Verträge für annulliert erklärt. Ist das völkerrechtlich zulässig?

76. Die deutsche Firma X. benennt den von ihr verfertigten Weinbrand: „Cognac fine Champagne". Ist das nach Versailler Vertrag zulässig?

77. Im Jahre 1924 erscheint — ohne meine Zustimmung und mein Wissen — in Athen eine griechische Übersetzung der 2. Auflage meiner „Grundzüge des positiven Völkerrechts" (*Δημόσιον διεθνῆς δίκαιον κατὰ μετάφρασιν ἐκ τοῦ γερμανικοῦ*). War das völkerrechtlich zulässig?

78. Das Institut de droit international hat 1913 einen Seekriegsrechtkodex ausgearbeitet. Das Verhalten des Staates B steht mit dessen Vorschriften nicht in Einklang. Kann ein Schiedsgericht oder die Cour de justice bei der Behandlung des Falles sich auf jene Vorschriften in ihrer Sentenz berufen? Eventuell in welchem Umfang? Wie wäre eine Heranziehung von Naturrecht? Von Hugo Grotius?

79. Zwischen den Staaten A und B bricht Krieg aus. Welchen Einfluß hat das auf zwischen ihnen bestehende

a) Allianz,

b) einen Handelsvertrag,

c) ihre Zugehörigkeit zu internationalen Kollektionsvereinbarungen?

80. Kann Frankreich sich einem Nichtsignatar des V.V.s gegenüber auf Art. 287 berufen?

81. a) Deutschland liquidiert im Weltkrieg das Gut eines Engländers.

b) England das eines Deutschen.

Wie ist die Rechtslage nach V.V.?

82. Ein während des Krieges in Deutschland wohnender Franzose klagt nach Kriegsbeendigung vor einem gemischten Schiedsgericht auf Schadenersatz, weil es ihm nicht möglich gewesen sei, nach Ergehen des Backverbots reines

Weiß(mehl)brot zu bekommen, das ihm von seinem Arzte wegen eines Magenleidens verordnet gewesen sei. Hat er Aussicht, vor einem gemischten Schiedsgericht durchzudringen? Wie wäre es, wenn es sich um einen in Straßburg wohnhaften Elsässer handelte?

83. Dem Holländer A wird im Weltkrieg auf Grund einer Anordnung der Militärbehörde ein Automobil requiriert. Kann er nachträglich Ersatz verlangen, wenn er wegen der Wegnahme zu spät zum Abschluß eines wichtigen Geschäftes nach Holland kam?

84. Nach Art. 287 h, letzter Absatz, ist bei Liquidationen in den Neustaaten, die den Versailler Vertrag als alliierte und assoziierte Mächte unterzeichnet haben, der Erlös unmittelbar an die Eigentümer zu zahlen. Kann ein Deutscher, der einen entsprechenden Anspruch hat, unmittelbar von Jugoslavien Zahlung verlangen?

84a. Frankreich hat Finnland 1917 anerkannt, später diese Anerkennung widerrufen. Ist das zulässig?

85. Der Staat A erkennt den Neustaat B an. Welche Wirkung hat das im Verhältnis zu den Staaten X, Y?

86. Angenommen, eine Staatenmehrheit erkannte

a) einen Neustaat,

b) die Neutralisation eines Staates

an. Hat das, wie Cavaglieri meint, Wirkung erga omnes?

86a. Welcher Unterschied besteht in rechtlicher Hinsicht zwischen einer Anerkennung de facto und de jure?

87. Ein Deutscher ist durch außerordentliche Kriegsmaßnahmen Frankreichs geschädigt. Kann er Ersatz verlangen?

88. Ist die Requisition eines Automobils auf Grund genereller Anordnung der Militärbehörde als außerordentliche Kriegsmaßnahme i. S. des Versailler Vertrages anzusehen?

89. Ein internationales Schiedsgericht überschreitet die Grenzen seiner Vollmacht. Ist sein Urteil nichtig?

90. Ein Franzose gibt einem Deutschen einen Pelz in Gewahrsam, das Reich beschlagnahmt und verkauft ihn. Mit Recht? Ist Schadenersatz nach Art. 297e V.V. gegeben? (Vgl. Wendel ctr. Empire Allemand, Recueil des décisions des tribunaux arbitraux mixtes I, 320.)

91. A in Berlin hat einen Vertrag mit B in Posen am 15. Mai 1914 abgeschlossen. Der Vertrag sollte am 1. Juni 1915 erfüllt werden. Ist der Vertrag durch Art. 299a V.V. berührt?

92. Nach dem V.V. bleiben dingliche Rechte grundsätzlich unberührt, nur Schuldverhältnisse verfallen der Auflösung. Wie ist es mit einem als Sicherheit für die Schuld eines Feindes bestellten Pfand, das mangels Zahlung verkauft wurde? Der Eigentümer war nicht benachrichtigt worden; die bona fides des Gläubigers sei unbestritten.

93. Der Deutsche A hat in London vor dem 4. August 1914 einen Lebensversicherungsvertrag abgeschlossen und die Prämie durch Vermittlung eines Holländers regelmäßig zahlen lassen. Können seine Hinterbliebenen Auszahlung des Versicherungsbetrages 1925 verlangen?

94. England hat während des Weltkrieges die gewerblichen Eigentumsrechte an u. a. Sanatogen, Aspirin, Formamint, Novocain vernichtet, an z. B. Salvarsan, Adalin suspendiert. Wie verhält sich dazu das Recht des V.Vs.?

94a. Ist Art. 332 V.Vs. als allgemeines Völkerrecht anzusehen?

95. Während des russisch-polnischen Krieges (1921) fährt das englische Schiff „Wimbledon“, das, von einer französischen Gesellschaft gechartert, Munition und Artilleriematerial für die polnische Militärmission an Bord hatte, in den Kieler Kanal ein. Die deutschen Behörden versagen die Durchfuhr unter Berufung auf Deutschlands Neutralität. Frankreich verlangt für die französische Gesellschaft oder seine Staatsangehörigen Schadenersatz nach Art. 380 V.V. vor der Cour de justice. Wie ist die Rechtslage?

96. Nach Art. 3 des Rheinlandabkommens hat die Haute Commission Interalliée die Befugnis, Verordnungen zu erlassen, „dans la mesure qui sera nécessaire pour assurer l'entretien, la sécurité et les besoins des forces militaires des Puissances alliées et associées". Konnte sie unter Berufung auf diese Rahmenvorschrift Radioapparate verbieten?

97. Ein französischer Kaufmann in Wiesbaden, der von dem Kommandierenden General einen Paß auf Widerruf erhalten hatte, schließt mit einem Kaufmann in Mainz einen Vertrag ab. Kann er vor dem an sich zuständigen deutschen Gerichte in Wiesbaden dessen Unzuständigkeit geltend machen, da nach Art. 3d des Rheinlandabkommens „die Streitkräfte der alliierten und assoziierten Mächte und die ihnen zugeteilten Personen, die von den kommandierenden Generalen der Besatzungsarmeen einen Paß auf Widerruf erhalten haben, sowie sämtliche von diesen Personen angestellten oder in ihren Diensten befindliche Personen", „ausschließlich den Militärgesetzen und der Militärgerichtsbarkeit dieser Truppen" unterständen? Entspricht Art. 3d dem Völkergewohnheitsrecht? Wie steht es in dieser Hinsicht mit Art. 3e, wonach Verbrechen oder Vergehen gegen Personen oder Eigentum der Besatzungsstreitmächte der Militärgerichtsbarkeit dieser unterfallen?

98. Bezechte einzelne Matrosen des Kriegsschiffes A treiben im Hafen des Staates B Unfug. Dürfen

a) die Ortsbehörden sie festnehmen,

b) die Schiffsbehörden zu ihrer Verfolgung geschlossene Abteilungen an Land senden? Wie, wenn Mitglieder dieser an Land ihrerseits delinquieren?

99. Im a) Hafen, b) in den Küstengewässern des Staates A liegt ein Passagierdampfer unter der Flagge des Staates B. An Bord wird ein a) Mord, b) schwerer Raub verübt, c) bei einer Meuterei der Kapitän erschossen, d) es werden unter größtem, an Land hörbaren Lärm die

Nacht hindurch moderne Tänze auf Deck bei Negermusik getanzt. In welchen Fällen kann die Ortsbehörde einschreiten?

100. Konnten die in England vor dem Weltkriege naturalisierten Deutschen, die ihre alte Staatsangehörigkeit nicht aufgegeben hatten, in Ruhleben interniert werden?

101. Durch Notenwechsel vom 12. Oktober 1925 (RGBl. 1926, 140) haben sich Sowjetrußland und Deutschland verpflichtet, daß die beiderseitigen Vertretungen und die bei ihnen beschäftigten Personen sich jeder Agitation oder Propaganda gegen Regierung oder staatliche Einrichtungen des anderen Teiles enthalten. Bedurfte es gegenüber dem geltenden Völkergewohnheitsrechte noch dieser Vorschrift?

102. Durch Notenwechsel vom 12. Oktober 1925 (RGBl. II, 141) ist zwischen Deutschland und Rußland folgendes vereinbart worden: „Nachdem der Versailler Vertrag vom 28. Juni 1919 dem Deutschen Reiche aufgezwungen wurde und für die alliierten und assoziierten Mächte Begünstigungen, Befreiungen und Vorrechte enthält, die den üblichen zwischenstaatlichen Verträgen fremd sind, lehnt es die Regierung der U.d.S.S.R. wie bisher ab, diese Begünstigungen, Befreiungen und Vorrechte in Anspruch zu nehmen; ohne Rücksicht darauf, welcher alliierten und assoziierten Macht sie zustehen." Die sämtlichen hiernach in Betracht kommenden Vorschriften des V.Vs. sind zu ermitteln.

103. Art. 2 der Anlage A zum Locarnoprotokoll vom 16. Oktober 1925 nimmt von dem Kriegsverbot zwischen Deutschland und Frankreich bzw. Belgien aus

a) Notwehr, d. h. Widerstand gegen die Verletzung des Kriegsverbots oder den Bestimmungen über die entmilitarisierte Rheinzone, sofern ein solcher Vorstoß eine nicht provozierte Angriffshandlung darstellt und infolge der Ansammlung von bewaffneten Kräften (forces armées) in der entmilitarisierten Zone eine augenblickliche Handlung geboten ist.

Fanatische Franzosenfeinde in größerer Zahl treffen sich bewaffnet in der Gegend von Mainz und überfallen eine französische Schildwache. Würde das genügen, um den Tatbestand von Art. 2a zu erfüllen?

104. Zwischen Deutschland und Frankreich bricht ein mit der Rheinlandbesetzung in Zusammenhang stehender Streit aus, der sich auf die Dauer der Besetzung bezieht. Kann dieser Streit (vgl. Art. 1 und 16 des Schiedsgerichtsabkommens von Locarno vom 16. Oktober 1925) der Haager Cour de justice von Deutschland ohne weiteres vorgelegt werden?

105. Muß Deutschland nach Völkerbundsstatut und der diesem durch Anlage F zum Locarnoprotokoll gegebenen Auslegung an einem Völkerbundsverfahren nach Art. 16 der Völkerbundspakte teilnehmen?

106. Am 14. März 1924 ist in Genf zwischen dem Britischen Reich, Frankreich, Italien, Japan einerseits, Litauen andererseits eine Konvention über das Memelgebiet unterzeichnet worden, die die Autonomie Memels im Rahmen des litauischen Staates in Gesetzgebung, Rechtsprechung, Verwaltung ausspricht. Art. 29 des eine Anlage der Konvention bildenden sog. Memelstatuts anerkennt die wohlerworbenen Rechte aller Beamten und Angestellten, die am 1. Januar 1923 im Dienste des Memelgebiets standen. Der Lotse A, ein ehemaliger Deutscher, der nicht für Deutschland optiert hat (Art. 30) und daher nach Art. 8 der Konvention Litauer geworden ist[1], wird fristlos entlassen. Ist er durch das Statut geschützt und in welcher Weise kann er das ihm verbriefte Recht geltend machen? Ist er überhaupt selbst dazu völkerrechtlich in der Lage?

---

[1] Die ehemaligen deutschen Staatsangehörigen, die bei Ratifizierung dieser Konvention durch Litauen mehr als 18 Jahre alt sind aber wenigstens vom 10. Januar 1920 ab ihren tatsächlichen Wohnsitz im Memelgebiet haben, werden litauische Staatsangehörige vollen Rechtes.

(Vg. Art. 7 der Konvention.) Wie ist die Rechtslage beeinträchtigter Personen, denen in einem Niederlassungsvertrage zwischen den Staaten A und B volle Niederlassungsfreiheit und Freizügigkeit zugesichert war?

107. Art. 32 des (in Nr. 106 erwähnten) Memelstatuts bestimmt den Schutz des Privateigentums und verbietet Enteignungen ohne angemessene Entschädigung. Der

a) Litauer X,
b) Memeler Y,
c) Deutsche Z

wird entschädigungslos enteignet. Welche Rechtsmittel stehen ihm zur Verfügung?

108. Nach Art. 7 des deutsch-russischen Wirtschaftsabkommens vom 12. Oktober 1925 (RGBl. II, S. 14) werden die in Deutschland vorgenommenen, für U.d.S.S.R. verbindlichen Rechtshandlungen der Handelsvertretung nach deutschen Gesetzen behandelt; sie unterliegen der deutschen Gerichtsbarkeit. Nach Satz 2 ist Zwangsvollstreckung in das in Deutschland befindliche Vermögen der U.d.S.S.R. zulässig, soweit es sich nicht um Gegenstände handelt, die nach allgemeinem Völkerrechte zur Ausübung der staatlichen Hoheitsrechte oder der amtlichen Tätigkeit der diplomatischen oder konsularischen Vertretungen zu dienen bestimmt sind. Es ist hinzuzufügen, daß nach Art. 4 der Leiter der Handelsvertretung, seine beiden Stellvertreter und die Mitglieder des Rates der Handelsvertretung, die ihren Sitz in Berlin haben, als Exterritoriale zu behandeln sind, und daß nach Art. 5 die von der Handelsvertretung für ihre Tätigkeit benutzten Räume in der Lindenstr. 20/25 in Berlin exterritorial sind.

I. Kann wegen Privatschulden eines der Mitglieder der Handelsvertretung gegen diesen in Berlin geklagt werden,

II. Kann wegen Rechtshandlungen der in Art. 7 erwähnten Art

a) das Mobiliar in der Lindenstr. 20/25,

b) das Automobil des Leiters der Handelsvertretung, das nicht in seinem Privateigentum steht, sondern dem russischen Staate gehört,

c) ein Depot Rußlands bei einer Berliner Bank dinglich durch Pfändung bzw. Arrest verhaftet werden?

109. Ein Deutscher betreibt in dem Gebiete Spitzbergens Fischfang. Kann er von Norwegen als Gebietsherrn daran gehindert werden? (Vgl. den Spitzbergenvertrag vom 9. Februar 1920 RGBl. II, 763.)

110. In Art. 2 des deutsch-russischen (Berliner) Vertrages vom 24. April 1926 heißt es: „Sollte eine der vertragschließenden Teile trotz friedlichen Verhaltens von einer dritten Macht oder von mehreren Mächten angegriffen werden, so wird der andere vertragschließende Teil während der ganzen Dauer des Konflikts Neutralität beobachten.“ Ist diese Vorschrift mit Deutschlands Mitgliedschaft im Völkerbund vereinbar?

111. Im Weltkrieg haben Frankreich, Rußland usw. auch nicht wehrfähige Deutsche interniert, Deutschland Belgier zur Arbeit gezwungen und nach Deutschland deportiert. Waren diese Maßnahmen zulässig?

112. Ist die Verwendung von

a) Schrotkugeln,

b) Phosgen- (Gas-) Granaten,

c) Blausäuregranaten,

d) Bazillen

im Weltkrieg zulässig gewesen? Wie ist die heutige Rechtslage?

113. Ist der Ubootkrieg in seinen verschiedenen Phasen im Weltkriege rechtlich zulässig gewesen? Wie ist die heutige Rechtslage?

114. Darf ein neutralisierter Staat

a) ein Defensivbündnis eingehen,

b) einen Vertrag mit einem fremden Staate eingehen, durch den dieser ihm für den Kriegsfall alle Hilfe verspricht, aber dafür schon in Friedenszeiten Aufschlüsse militärischer Natur verlangt, die den eventuellen Gegner faktisch schlechter stellen,

c) ein Zollbündnis mit einem nicht neutralisierten Staate abschließen?

115. Werden nach Abschluß eines

a) Neutralisations-,

b) Garantievertrages

von dem Neutralisierten bzw. Garantierten erworbene Staatsgebiete, insbesondere Kolonien, von der Neutralisation bzw. Garantie miterfaßt?

116. Ist Requisition von Kriegsrohstoffen, von Kupferkunstwerken (zur Entnahme des Kupfers) in besetztem Feindesland zulässig? Kann man — mit Scholz — von einer wirtschaftlichen Notwendigkeit im Wirtschaftskrieg (analog dem militärischen Notstand) sprechen?

117. In welchem Umfange ist nach geltendem Kriegsrecht ein spezifisch „militärischer" Notstand anzuerkennen?

118. Ist die Verwendung bewaffneter Handelsschiffe im Weltkriege völkerrechtsgemäß gewesen?

119. Gelegentlich der Beschlagnahme des schwedischen Dampfers „Zamora" durch England hat der Privy Council am 7. April 1916 die Auffassung vertreten: „Das von Prisengerichten anzuwendende Recht sei Völker-, nicht Landesrecht" (not the national or municipal law, but the law of nations which is not laid down by any particular State, but originates in the practice and usage long observed by civilised nations in their relations towards each other or in express international agreement). Parlamentsakte bänden freilich das Prisengericht, entkleideten es aber, wenn sie dem Völkerrecht widersprächen, seiner Hauptaufgabe, eben der Anwendung von Völkerrecht. „A Prize Court, like any other Court, is bound by the legislative enactments of its own sovereign State. A British Prize

Court would certainly be bound by the legislative enactments of its own sovereign State. A British Prize Court would certainly be bound by Acts of the Imperial Legislature. But it is non the less true that if the Imperial Legislature passed an Act the provisions of which were inconsistent with the law of nations, the Prize Courts in giving effect to such provisions would no longer be administering international law. It would in the field covered by such provisions be deprived of its proper functions as a Prize Court.“ Was ist von der hier vertretenen Auffassung zu halten? Wie ist überhaupt das Verhältnis von Völkerrecht und Landesrecht?

120. Am 15. August 1916 spricht die italienische Regierung die Beschlagnahme des Palazzos Venezia „als Repressalie“ aus, der in — 1866 von Italien anerkanntem — Eigentum Österreich-Ungarns sich befand und dessen diplomatischem Vertreter am Vatikan als Sitz diente. Österreich-Ungarn und der Papst protestierten. Gelegentlich der Verhandlungen, die dem Frieden von St. Germain vorangingen, lehnte es Italien ab, irgendeine Entschädigung für die Besitznahme zu leisten, da dieser Palast in ursprünglichem Eigentum Venetiens gestanden habe und daher eigentlich schon 1866 hätte an Italien fallen müssen. Die Gesamtrechtslage vor dem Frieden von St. Germain (der in Art. 40 jede Entschädigung ablehnt) ist zu untersuchen.

121. Am 29. März 1924 wird ein Konkordat von Bayern mit dem Papste abgeschlossen, das sich als Staatsvertrag bezeichnet. Zu Recht?

122. Müssen fremde Staaten prüfen, ob die von deutschen Gliedstaaten abgeschlossenen Staatsverträge die nach der Weimarer Verfassung erforderliche Genehmigung erhalten haben?

123. Zwischen den Häuptern der Staaten A und B wird

a) ein Vertrag über die Eheschließung des Kronprinzen von A mit einer Prinzessin von B,

b) ein Vertrag abgeschlossen, in dem eine von Privaten A's dem Staate B gewährte Anleihe garantiert wird. Liegen echte Staatsverträge vor?

124. Der Staat A besetzt ohne Protest B's ein von diesem in Anspruch genommenes Gebiet

a) am Nordpol,

b) an der afrikanischen Küste,

c) in Südamerika.

Eine Notifikation ist nicht erfolgt. Kann und in welchem Falle sich B darauf berufen? Kann

a) die Union,

b) ein anderer amerikanischer Staat

diesen Erwerb für unzulässig erklären?

125. Ist die Monroelehre

a) amerikanisches Völkerrecht,

b) allgemeines, mindestens für die Völkerbundstaaten, durch Art. 21 des Völkerbundspakts?

126. Japanische Privatleute pachten in der Nähe des nordamerikanischen Gebietes eine Bai an der westlichen Küste Mexikos. Kann die Union das unter Berufung auf die Monroelehre verbieten?

127. Der Staat A, der einen Anspruch auf ein Gebiet zu haben glaubt, hat diesen seit 100 Jahren nicht mehr geltend gemacht. Kann B unter Berufung auf Verjährung das Gebiet besetzen?

128. Kann ein Staat, obwohl in dem Friedensvertrag jede Klausel fehlt, „kraft Völkerrechts" von dem Erwerber fordern, daß er den Bewohnern des neuerworbenen Gebiets a) Plebiszit, b) Option gewähre?

129. Gegen den in B ansässigen Privatier A ist im Frühjahr 1925 von der zuständigen Staatsanwaltschaft ein Verfahren wegen Steuerhinterziehung usw. eröffnet worden. Im Verlaufe dieser Untersuchung haben wiederholt Durchsuchungen in der Behausung des Angeschuldigten stattgefunden, auch sind in umfassender Weise hierbei Beschlagnahmungen von Urkunden und der Korrespondenz des Herrn A erfolgt. Hiergegen ist unter Vorlage amtlicher Urkunden der Xschen Gesandtschaft in Berlin, namentlich einer Erklärung des Gesandten vom 26. April 1925, Widerspruch eingelegt worden, mit der Behauptung, der Angeschuldigte sei als Attaché honoraire und Privatsekretär des Xschen Gesandten in Berlin exterritorial. Seitens der Staatsanwaltschaft, der das Gericht I. Instanz beigetreten ist, ist eingewendet worden, der Angeschuldigte könne auf Exterritorialität nicht Anspruch erheben, da eine solche bei ihm seitens des Auswärtigen Amts nicht anerkannt worden sei. Er habe die Staatsangehörigkeit des Staates X erschlichen, um sich der Bestrafung der Steuerhinterziehung und anderer Delikte zu entziehen, auch stehe der Erwerb der Xschen Staatsangehörigkeit im Widerspruch zu dem deutsch-Xschen Handelsvertrag von 1873, der vorherige Zustimmung desjenigen Staates zur Voraussetzung habe, aus dessen Verbande eine Person ausscheide. Zu dem fraglichen Zeitpunkt — 22. März 1920 — sei aber Herr A noch Deutscher gewesen, so daß die in jenem Vertrage vorgesehene Einigung der Staaten notwendig gewesen sei. Er sei also noch Deutscher, da ein von ihm behaupteter Erwerb der liechtensteinschen Staatsangehörigkeit am 11. Juni 1920 an Bedingungen geknüpft worden sei, die Herr A nicht erfüllt habe. Er sei also in jedem Falle als Deutscher anzusehen, der ohne Zustimmung des Reiches nicht exterritorial sein könne. Übrigens habe der Xsche Legationsrat Dr. C am 9. Mai 1925 vor dem Auswärtigen Amte eine Erklärung abgegeben, daß Herr A nicht mehr auf den Xschen Schutz rechnen könne, falls er die Xsche Staatsangehörigkeit durch die falsche Angabe erschlichen habe, er sei Liechtensteiner. Diese Erklärung ist dann durch schriftliche Mitteilungen des Xschen Gesandten in Berlin in einem dem Angeschuldigten günstigeren Sinne abgebeugt worden. Es sind amtliche Auskünfte bei der Behörde, die

die Xsche Einbürgerung vorgenommen hat, nämlich der Xschen Gesandtschaft in Bern, sowie bei der fürstlichen Regierung in Liechtenstein wegen des Erwerbs der dortigen Staatsangehörigkeit eingeholt worden. Aus ihnen ergibt sich einwandfrei, daß Herrn A die Xsche Staatsangehörigkeit als bisherigem Deutschen erteilt worden ist, ferner, daß er die liechtensteinische Staatsangehörigkeit seit dem von ihm bezeichneten Tage besitzt. Es steht weiter fest, daß er im Augenblick des Eintritts in den Xschen diplomatischen Dienst in Berlin bereits Liechtensteiner war.

130. Die Festung X, Hauptstadt des Staates A, ist von feindlichen Truppen umschlossen. Kann dessen Oberbefehlshaber verlangen, daß die bei dem Staate A akkreditierten Gesandten ihm ihre Korrespondenz mit ihren Regierungen zur Zensur vorlegen?

131. Im Staate A werden während des Krieges mit B alle ein- und durchgehenden Schriften usw. zensuriert. Ist das zulässig? Auch die (provisorische, dauernde) Beschlagnahme?

132. In einem Kriege, in dem die Türkei neutral ist, legt die Türkei Minen in den Dardanellen. Ist dies nach dem Meerengenabkommen vom 24. Juli 1923 zulässig?

133. Art. 12 des am 28. Juni 1919 von Polen mit den Hauptmächten abgeschlossenen Minderheitsvertrages bestimmt: „La Pologne, agrée que, dans la mesure où les stipulations des articles précédents affectent des personnes appartenant à des minorités de race de religion ou de langue, ces stipulations constituent des obligations d'intérêt international et seront placées sous la garantie de la Société des Nations." Von polnischer Seite ist in einem vor den Völkerbundsrat gebrachten Rechtsstreit behauptet worden, die in Art. 4 bezeichneten Personen[1] unterfielen nicht dem

[1] Art. 4 bestimmt: „La Pologne reconnaît comme ressortissant polonais, de plein droit et sans aucune formalité, les personnes de nationalité allemande, autrichienne, hongroise ou russe qui sont

Art. 4, stellten also keine Minorität dar. Der Völkerbundsrat hat ein Gutachten des Cour de justice über folgende beiden Fragen erbeten:

1. La question concernant la situation des personnes susdites (sc. ehemalige Deutsche), en tant qu'elles appartienant à dés minorités de race et de langue, résultant de l'application par la Pologne de l'article 4 du traité du 28 juin ... relève-t-elle de la compétence de la Société des Nations aux termes dudit Traité?

2. Dans l'affirmative, l'article 4 du Traité sus-mentionné se réfere-t-il seulement au domicile des parents au moment de la naissance de l'individu, on requiert-il aussi le domicile des parents au moment de l'entrée en vigueur du traité?

134. Im Jahre 1817 besetzten Abenteurer, die Piraterie und Schmuggel trieben, die Amaliainsel an der Mündung des St.-Mary-Stromes, die damals noch Spanien gehörte. War die Union unter Berufung auf Selbsterhnltung berechtigt, die Schmuggler von dort zu vertreiben?

135. Während des nordamerikanischen Unabhängigkeitskriegs trat der amerikanische General Arnold mit dem englischen General Clinton in Verbindung, um ihm durch Verrat Point zu überliefern. Die Verbindung stellte Clintons Adjutant, Major André, her. Auf der Rückkehr vom englischen Lager wurde André, der Zivilkleidung und einen von Arnold ausgestellten falschen Paß trug, sowie ihm von Arnold überlassene Schriftstücke über das amerikanische Heer und die Befestigungen von West-Point mit sich führte, von einer amerikanischen Patrouille gefangen, vor ein Kriegsgericht gestellt und als Spion zum Tode verurteilt. Mit Recht?

136. Während des Weltkrieges sind von Ententeseite Polen, Tschechoslowakei als „Nationen" anerkannt worden. Dazu bemerkt Anzilotti (corso 101): „non costituiva

---

neés sur ledit territoire de parents y étant domiciliés, encore qu'à la date de la mise en vigueur du présent traité elles n'y soient pas elles-mêmes domiciliées."

alcun rapporto di diritto internazionale, affermava un impegno morale di permettere e favorire la costituzione di stati independenti, in caso di esito favorevole della guerra." Ist das zutreffend?

137. Am 20. Dezember 1907 ist zwischen Costa Rica Guatemala, Honduras, Nicaragua, Salvador, ein Vertrag (später sog. Tobar-Doktrin) abgeschlossen worden, in dem die Kontrahenten sich verpflichteten, keine Regierung in einem der Vertragsstaaten anzuerkennen, die aus Staatsstreich oder Revolution hervorgegangen sei, solange keine aus freien Wahlen hervorgegangene Volksvertretung den Umsturz bestätigt hätte. Entspricht diese Anschauung dem allgemein geltenden Recht? Wie läßt sich diese Anerkennung mit dem Satze vereinbaren, daß Staats- und Regierungsform res internae der Staaten seien?

138. In dem Staate A wird die Monarchie gestürzt und eine Räterepublik eingeführt. In Konsequenz dieser Umwälzungen kommt es in den Nachbarstaaten zu dauernden Unruhen. Können sich diese Staaten allein oder gemeinsam gegen die Räterepublik wenden und, unter Berufung auf Notstand, dort eine ihnen genehme Staatsform beschließen lassen?

139. Der Staat wütet gegen politisch seiner Staatsform feindlich Gesinnte. Tausende werden ermordet und verbannt. Können Nachbarstaaten „dans un espirit d'humanité" intervenieren?

140. Ein Völkerbundsdelegierter Japans wird auf der Reise nach Genf in Rußland verhaftet. Ist das zulässig?

141. Der an der Unterseekabelkonvention vom 14. März 1884 unbeteiligte Staat X läßt die vom Staate A gelegten Unterseekabel durchschneiden. Darf er das? Angenommen ja: Gibt es im Völkerrecht „bösen Rechtsmißbrauch" (abus de droit)?

142. Am 20. November 1918 hat der französische Kassationshof im Falle Proux contre Connoux entschieden: „si les eaux territoriales sont soumises aux pouvoirs de police et de sûreté de l'etat, elles ne forment pas une partie du territoire français". Ist das richtig? Wie verträgt sich damit die Definition der Luftrechtskonvention vom 11. Oktober 1919: „au sens de la convention, le territoire d'un état comprend le territoire national métropolitain et colonial ainsi que les eaux territoriales adjacentes"?

143. Wenn mangels — häufiger — Staatsverträge Schiffe fremder Staaten die amerikanische Gesetzesbestimmung der Prohibition Art. von 1919 nicht beachten („that foreign ships should not carry liquor into the three mile limit adjoining the American shore"), können dann die amerikanischen Behörden allen an Bord befindlichen Alkohol wie geschehen, über Bord werfen? Müssen die fremden diplomatischen Vertretungen und fremde Kriegsschiffe in amerikanischen Gewässern „trocken" sein?

144. In den

a) Jadebusen,

b) Firth of Forth, c) der Hudsonbai

wird an Bord eines fremden Handelsschiffes ein Mord verübt. Welche Gerichte sind zuständig?

145. Ein Staat leitet einen Fluß vor der Grenze des Nachbarstaates ab, um sich für die Elektrisierung seiner Bahnen das Wasser zu sichern. Darf er das?

146. Darf — nach der Konvention von 1919 — ein Luftfahrzeug

a) fremdes Staatsgebiet überfliegen,

b) dort landen?

147. a) Das Staatshaupt Bayerns kommt nach Bern. Ist es dort exterritorial? Wer ist Staatshaupt Bayerns?

b) Wie ist es mit dem Volkskommissar des Äußeren der russischen Sowjetrepublik

α) während seiner Kur in

1. Frankfurt a. M.,

2. Cannes;

β) in London vor Abbruch der diplomatischen Beziehungen?

148. Ein Verbrecher flüchtet sich

a) in das Gesandtschaftsviertel in Peking,

b) in die internationale Konzession von Shanghai.

Wie ist die Rechtslage?

149. Zwischen A und B besteht ein Schiedsgerichts- und Vergleichsvertrag, nach dem politische Fragen einer Vergleichskommission, juristische einem Schiedsgerichte zugeführt werden sollen. Gibt es objektive Merkmale, um festzustellen, ob eine Frage politischer oder rechtlicher Natur ist?

150. Zwischen den Staaten A und B entsteht ein Rechtsstreit. A will einen Satz des Privatrechts, der sich vom römischen Rechte an in den bürgerlichen Gesetzbüchern aller Staaten parallel wiederfindet, analog anwenden. Ist dieser Auffassung beizutreten? Vgl. Cavaglieri, corso di diritto internazionale, 1925, S. 100 (abgedruckt Strupp, éléments du droit international public universel, européen et américain, 1927, S. 185 Note 2).

Leitsätze für die Bearbeitung völkerrechtlicher Haus- und Klausurarbeiten.

1. Erst den Tatbestand sehr sorgfältig lesen und alle Momente, auf die es ankommt oder anzukommen scheint, feststellen. Ein einziges Wörtchen, das übersehen wurde, kann eine sonst gute Arbeit wertlos machen.

2. Nach Ermittlung des Tatbestandes nach den in Betracht kommenden Rechtsquellen suchen. Soweit ein Staatsvertrag in Betracht kommt, seine Gültigkeit in concreto ermitteln, d. h. feststellen, ob er schon, ob er noch gilt, ob die betreffende Norm nicht durch einen Vorbehalt oder Willensmängel entwertet ist (vgl. dazu in den Lehrbüchern die Abschnitte über Staatsverträge); erst, wenn ein Staatsvertrag fehlt, ist zu ermitteln, ob ein Völkergewohnheitsrechtssatz auf den konkreten Tatbestand Anwendung zu finden hat, wobei die Gültigkeit inter partes, wenn Staaten namentlich bezeichnet sind (also z. B. Deutschland—England), untersucht werden muß. Das kann dann, wenn die Staaten nur allgemein (A, B) bezeichnet sind, unterstellt werden. Nach Lage der Dinge kann auch eine Prüfung des Verhältnisses Völkerrecht—Landesrecht in Betracht kommen (Beispiel: Der Franzose A klagt im Oktober 1914 wegen Verletzung seines Urheberrechtes vor einem deutschen Gericht). Andere Rechtsquellen sind nicht heranzuziehen. Als Erkenntnismittel (nicht Rechtsquellen) dienen Wissenschaft, Aussprüche nationaler und internationaler Gerichte, amtliche Äußerungen anderer Art (diese können unter Umständen die völkerrechtliche Anschauung des betreffenden Staates klarwerden lassen).

Nicht Völkerrechtsquellen sind die principes généralement reconnus, von denen Art. 38 des Statuts der Cour de justice spricht. Sie sind nur in den dieser unterbreiteten Sachen als (3.) subsidiäre Rechtsquelle zu behandeln.

3. Glaubt man die richtige Norm gefunden zu haben, so mache man eine Disposition, an der man solange feile, bis es sich nur noch darum handeln kann, das Gerippe mit Haut und Fleisch zu bekleiden.

4. Soweit Streitfragen bestehen, suche man nach einer Lösung, die nach Ansicht des Verfassers dem Sinne der Vorschrift am besten gerecht wird[1]. Bei Auslegung von mehrsprachigen Verträgen suche man auch dann die Entstehungsgeschichte zu berücksichtigen, wenn verschiedene Texte für gleichwertig erklärt sind (vgl. Art. 440 VV). So ist für die Auslegung der Völkerbundspakte regelmäßig die amerikanische Fassung, für den Wirtschaftskrieg die englische, für militärische Bestimmungen die französische als ursprüngliche anzusehen. Man suche nach eigener, selbständiger Stellungnahme. Kritiklose Anerkennung der herrschenden Meinung oder ebensolches ‚iurare in verba magistri' (das namentlich dort, wo der Beurteiler der Arbeit vielleicht ein Lehrbuch des Völkerrechts oder eine Monographie aus dem Gebiet geschrieben hat, aus dem die Arbeit entnommen ist), wird von jedem einsichtigen Dozenten perhorresziert, wissenschaftliche Unabhängigkeit um so höher bewertet.

5. Bei Streitfragen ist auch dann, wenn eine Meinung für die „allein" richtige gehalten wird, in Hausarbeiten eine Eventualentscheidung zu fällen, die sich auf den Boden abweichender Auffassung stellt.

6. Ohne einer Pedanterie zu huldigen, vernachlässige man das Gewand der Arbeit nicht. Maschinenschrift ist erfreulich, jede andere deutliche Schrift (auch bei Klausurarbeiten!) geboten. Genau (Auflage, Jahr) zitieren!

---

[1] Scire leges non hoc est, verba earum tenere, sed vim ac potestatem (Celsus)!

7. Der Verfasser vergesse — was vorkommt! — nicht, seinen Namen zu erwähnen. Angabe von Fakultät und Semesterzahl ist erwünscht. Man lasse auch genügend Rand für Kritik.

8. Politische Bemerkungen (z. B. über den Unwert des Versailler Vertrages) sind unter allen Umständen zu unterlassen. Sie sind in einer Arbeit, die doch in gewissem Sinne wissenschaftlich sein will, von Übel.

9. Umfang: Non multa, sed multum!

10. Stil und Orthographie beachten! So selbstverständlich das sein sollte, lehrt die Erfahrung der letzten Jahre einen bedauerlichen Rückgang in dieser Hinsicht!!

11. Abfällige Urteile über abweichende Auffassungen sind zu unterlassen.

12. Und nun lese man sorgfältig die „Probe"fälle!

Erster Probefall. Text: S. Fall 129 (S. 29.)

Übersicht über die wichtigste hier zitierte neuere Völkerrechtsliteratur[1, 2].

I. Deutschsprachige.

Bluntschli, Das moderne Völkerrecht der zivilisierten Staaten. Als Rechtsbuch dargestellt. 3. Aufl. 1878.
Hatschek, Völkerrecht als System rechtlich bedeutsamer Staatsakte. 1923.
Heffter, Das europäische Völkerrecht der Gegenwart auf den bisherigen Grundlagen. Herausgegeben von Geffcken. 1888.
Heilborn, Das System des Völkerrechts entwickelt aus den völkerrechtlichen Begriffen. 1896.
v. Holtzendorff, Handbuch des Völkerrechts (in Einzelbeiträgen). 4 Bde. 1885—1889.
Kohler, Grundlagen des Völkerrechts. 1918.
v. Liszt, Das Völkerrecht systematisch dargestellt. 12. Aufl. 1925 (von Fleischmann).
F. v. Martens, Völkerrecht. Das internationale Recht der zivilisierten Nationen. Deutsch von Bergbohm. 2 Bde. 1883—1886.
Niemeyer, Völkerrecht. 1921.
Rivier, Lehrbuch des Völkerrechts. 2. Aufl. 1899.
Strupp I, Grundzüge des positiven Völkerrechts. 3. Aufl. 1926.
Strupp II, Theorie und Praxis des Völkerrechts. 1925.
E. Ullmann, Völkerrecht. 1908.
v. Waldkirch, Völkerrecht, 1926.

II. In französischer Sprache.

Travers Twiss, Le droit des gens ou des nations considérées comme communautés politiques indépendantes. Selbständige französische Ausgabe des 1861 ff. erschienenen englischen Werkes. 2 Bde. 1887 und 1888.
Fauchille, Le droit international public. 4 Bde. 1921—1926.
Despagnet, Cours de droit internat. public. 4. Aufl., herausgegeben von de Boeck. 1910.
Martens, G. F., Précis du droit des gens. 1797.
Mérignhac, Traité de droit public intern. I. Teil 1905, II. Teil 1907, III. Teil, 1 Bd., 1912.

---

1 Andere Werke sind jeweils besonders bezeichnet.

2 Der gesperrt gedruckte Name ist bei der Abkürzung verwendet.

de Louter, Le droit international public positif. 1920. (2., bis 1914 ergänzte und stark vermehrte Auflage seines holländischen Werkes).
Nys, Le droit international public. I—III. 1912.
Pradier-Fodéré, Traité de droit intern. public européen et américain. 8 Bde. 1884—1906.
Rivier, Principes du droit des gens. 2 Bde. 1896.
Calvo, Le droit internat. théorique et pratique. 5. Aufl. 5 Bde. und ein Ergänzungsband 1896.

III. In englischer Sprache.

Fenwick, International law. 1924.
Foulke, A treatise on internat. law. 2 Bde. 1920.
Hall, A treatise on internat. law. 8. Aufl. 1924.
Hershey, The essentials of internat. Public Law. 1912.
Hyde, International law chiefly as interpreted and applied by the United States. 2 Bde. 1922.
Lawrence, The principles of internat. law. 7. Aufl. 1925.
Moore, Digest of internat. law. 8 Bde. 1906.
Oppenheim, Internat. Law. A treatise. 2 Bde. 3. Aufl. 1920/22.
Phillimore, Commentaries upon internat. law. 3. Aufl. 4 Bde. 1879—1889.
Taylor, A treatise on internat. public law. 1901.
Westlake, Internat. Law. 2. Aufl. I. Bd. 1910. II. Bd. 1913.
Wheaton, Elements of internat. law. Neue Ausgabe von Atlay 1904.

IV. In italienischer Sprache.

Anzilotti, Corso di diritto internazionale. I. 2. Aufl. 1924.
Contuzzi, Diritto internazionale pubblico. 1905.
Cavaglieri, Corso di diritto internazionale. I. 1925.
Diena, Diritto internaz. pubblico. 1908. 2. Aufl. 1914.
Gemma, Appunti di diritto internazionale. 1923.
Lomonaco, Trattato di diritto internaz. pubblico. 1905.
Pasquale Fiore, Trattato di diritto internaz. pubblico. 5. Aufl. 3 Bde. 1914.
Perassi, Lezioni di diritto internazionale. I. 1922.
Olivi, Manuale di diritto internaz. pubblico e privato. 2. Aufl. 1911.

V. In holländischer Sprache.

De Louter, Het stellig Volkenrecht. 2 Bde. 1910.

VI. In spanischer bzw. portugiesischer Sprache.

De Olivart, Tratado de derecho internac. publico. 4. Aufl. 4 Bde. 1903/04.
Suarez, Tratado de derecho internac. publico. 2 Bde. 1916.
Torres Campos, Elementos de derecho internac. publico. 2. Aufl. 1904.
Bevilaqua, Direito publico internacional. 2 Bde. 1910, 1911.

a) Fällesammlungen:

Cobbett, Cases and opinions on international law and various points of english law connected therewith. 4. Aufl. (Bellot). I. 1922, II. 1924.
Scott, Cases on international law. 1922.

b) Zeitschriften und Quellen:

AJ = American Journal of International Law (seit 1907).
Ann. = Annuaire de l'Institut de droit international (seit 1873).
BYB = British year book of internat. law (seit 1920).
BJJJ = Bulletin de l'Institut International Intermédiaire (seit 1919).
JVÖ = Jahrbuch des Völkerrechts (begründet 1912 von Niemeyer und Strupp).
Reports of the International Law Association und der (englischen) Grotius Society.
JO = Journal officiel de la Société des Nation.
RGJP = Revue générale de droit international public (herausgegeben von Fauchille und Lapradelle, seit 1894).
RDJ = Revue de droit international et de législation comparée (seit 1874, herausgegeben von de Vischer).
Rev.S. = Revue de droit international et des sciences diplomatique (begründet 1923 von Sottile).
Clunet = Revue de droit international privé etc. (begründet 1834 von Clunet).
RJ = Rivista di diritto internazionale (herausgegeben von Anzilotti, Cavaglieri, Perassi seit 1906).
NZ = Zeitschrift für internationales Recht (herausgegeben von Niemeyer).
ZVÖ = Zeitschrift für Völkerrecht (begründet von Kohler und Oppenheim, jetzt herausgegeben von Fleischmann und Strupp, seit 1906).
Doc = Strupp, Urkunden zur Geschichte des Völkerrechts. 2 Bde. 1911. Ergänzungsheft 1912; 2. Aufl. in 5 Bänden, 1922 unter dem Titel „documents pour servir à l'histoire du droit des gens".

Tatbestand: s. Fall 129.

A. I. Sind deutsche Gerichte an eine amtliche Erklärung oder an ein Gutachten des Auswärtigen Amtes gebunden?

II. Welche Stellung haben deutsche Gerichte gegenüber amtlichen Erklärungen ausländischer Behörden

a) hinsichtlich der behaupteten Ausländerqualität einer bestimmten Person,

b) hinsichtlich der Zugehörigkeit einer Person zu einer bestimmten Beamtenkategorie, insbesondere zu der Kategorie von völkerrechtlich privilegierten Beamten, einzunehmen?

B. I. Welches sind die Rechtsquellen, aus denen sich die hier in Betracht kommenden Rechtsgrundsätze entnehmen lassen?

a) Für ein deutsches Gericht kann für die Rechtsfindung, soweit Normen des Völkerrechts in Frage kommen, nur ein in Landesrecht umgegossenes Völkerrecht maßgeblich sein.

b) Dabei ist es gleichgültig, ob dieser Umguß durch Gesetz oder Verordnung (im formellen Sinne) oder durch landesrechtliche, von der opinio iuris gentium erfüllte Gewohnheit erfolgt ist.

c) Für die Beurteilung der Rechtsstellung eines Mitgliedes einer ausländischen Kommission kommen in Betracht

1. §§ 18, 19 GVG.,

2. das in Landesrecht umgegossene, eventuell die §§ 18, 19 ergänzende und korrigierende einschlägige Völkergewohnheitsrecht nach Maßgabe des Art. 4 RV., dies aber nur, sofern eine Völkerrechtsvorschrift auf diesem Wege zu Landesrecht geworden ist, ohne deren Umguß ein Zwiespalt zwischen Völkerrecht und den §§ 18, 19 GVG. bestände.

II. Die aus den zu c) 1 und 2 erwähnten Rechtsquellen sich ergebenden, hier interessierenden Grundsätze über die Exterritorialität von Mitgliedern einer diplomatischen Mission.

a) Die Exterritorialität ist eine durch die Grundidee der diplomatischen Exterritorialität („ne impediatur legatio“) gebotene, von allen Kulturstaaten als Prinzip anerkannte Einschränkung der staatlichen Unabhängigkeit, sie ist daher, wie jede Ausnahme, restriktiv auszulegen.

b) Auch restriktive Interpretation muß aber nach Lage des allein maßgeblichen positiven Rechts (das durch rechtspolitisch vielleicht wünschenswerte Forderungen an die Staaten als Völkerrechtssatzungssubjekte und durch unbeanstandete Hinnahme von Autoritätenmeinungen, namentlich in Lehrbüchern, iuris vice, nur zu leicht verdunkelt wird) in personeller Hinsicht zu der Feststellung führen

1. daß der Missionschef des agréments bedarf,

2. daß die Mitglieder der Mission keiner Genehmigung bedürfen, um die Rechtsfolgen ihrer Stellung für sich auszulösen, sofern sie nicht Angehörige des Aufenthaltsstaates selber sind.

c) Ihre Anstellung selbst bleibt unter allen Umständen ein interner staatsrechtlicher Akt des Absenderstaates.

d) Eine darüber hinausgehende Genehmigung der, die Exterritorialität als Ipso-iure-Rechtsfolge in sich begreifenden Anstellung das Missionsmitglied seitens des Aufenthaltsstaates besteht nicht.

e) Insbesondere ist eine Aufnahme in eine vom Aufenthaltsstaate etwa geführte Diplomatenliste nicht Voraussetzung für die Exterritorialität, sie hat nach geltendem Rechte überhaupt keine Rechts-, sondern nur (höchstens) zeremonielle Bedeutung.

f) Die Exterritorialität beginnt, falls sich die betreffende Person im Aufenthaltsstaate befindet, mit der Anstellung bei der fremden Mission, eine eventuelle Notifikation hat lediglich deklaratorische Wirkung.

g) Die Exterritorialität endigt, außer aus sonstigen Gründen, namentlich durch Verzicht seitens des Absendestaates. Dieser Verzicht kann, da es sich um ein Recht nicht der exterritorialen Person, sondern ihres Staates handelt, rechtswirksam nur von diesem, d. h. von dem Außenminister oder, bei Anstellung durch den Missionschef, durch diesen erklärt werden. Er muß den deutlichen, unzweifelhaften Willen beibehalten, daß die Exterritorialität in concreto nicht geltend gemacht werden solle. Sie wird aber auch dadurch ex lege beseitigt, daß das Anstellungsverhältnis zu dem bisher Exterritorialen aufgekündigt wird. In diesem Falle bedarf es einer entsprechenden Erklärung an den Angestellten, die die Exterritorialität aber vor Endigung des Dienstverhältnisses nur dann beseitigt, wenn expressis verbis seitens des Anstellenden in bezug auf den Angestellten auf sie verzichtet wird.

III. Die amtliche Erklärung des fremden Missionschefs, daß eine bestimmte Person im Dienste der Mission stehe, schafft zugunsten jener eine unwiderlegbare praesumtio iuris et de iure, die eine Endigung der so geschaffenen Rechtsstellung selbst bei Nachweis von fraus oder mala fides keinesfalls ipso iure bewirken würde, sondern höchstens Anlaß zu diplomatischen Schritten, eventuell unter dem Gesichtspunkte eines völkerrechtlichen Deliktes, dies aber nur bei zurechenbarem Wissen des fremden Staates, geben könnte.

C. Folgerungen für den konkreten Tatbestand:

I. Herr A. ist nach der amtlichen Auskunft der Xschen Gesandtschaft in Berlin Honorarattaché und Privatsekretär des Gesandten. Er ist daher

a) als Honorarattaché Mitglied des personnel officiel,

b) als Privatsekretär dem personnel non officiel zuzuzählen.

II. Herr B. ist nach der Auskunft der Xschen Gesandtschaft in Bern und der bei den Akten befindlichen Urkunde am 22. März 1920 Xscher Staatsangehöriger geworden. Die in dem Erwerb der Xschen Staatsangehörigkeit ohne Verständigung mit dem Reiche liegende Verletzung von Art. 17 des deutsch-Xschen Handelsvertrages vom 11. Juni 1873 ist zwar völkerrechtliches Delikt, vermag aber den Erwerb der Xschen und damit den Verlust der deutschen Staatsangehörigkeit nicht zu verhindern, sondern begründet nur einen (deliktischen) Anspruch von Staat zu Staat. Aber selbst wenn Deutschland im Repressalienwege wegen des Vorliegens eben des deliktischen Tatbestandes die Exterritorialität nicht anzuerkennen brauchte, wäre

III. die deutsche Staatsangehörigkeit des Herrn A. durch die laut Auskunft der liechtensteinischen Regierung am 11. Juni 1920 erfolgte Einbürgerung in Liechtenstein jedenfalls an diesem Tage verloren gegangen.

IV. Herr A. ist nach den Ausführungen unter B. und C. I, II, III als nichtdeutscher Angehöriger der diplomatischen Mission des Staates X anzusehen und auch nach § 18/19 GVG. exterritorial.

V. Er besitzt diese Exterritorialität auch heute noch, da

a) eine eventuelle „Erschleichung“ der Stellung zum Nachteile Deutschlands, solange eine Kenntnis dieses Tatbestandes durch den Xschen Gesandten in Bern als Anstellungsbehörde, nicht nachweisbar ist, somit also kein völkerrechtliches Delikt vorliegt, höchstens zu diplomatischen Schritten im Verhältnisse Deutschlands zu X, nicht aber zu einer Beseitigung der Legalwirkung der Exterritorialität als Folge der Anstellung im Xschen Außendienste, Anlaß geben könnte,

b) ein wirksamer Verzicht auf die Exterritorialitätsrechte eines Missionsmitgliedes nur durch die Regierung des Absendestaates oder kraft zu vermutender Delegation des Verzichtrechtes an den Missionschef durch diesen erfolgen kann, eine solche aber rechtswirksam nicht erklärt worden und

c) selbst eine „Verzichts“erklärung unterstellt, diese sich nur auf den Schutz als Staatsangehöriger, nicht aber ohne weiteres auf die Anstellung oder Kündigung, die nur dem Angestellten gegenüber erklärt werden konnte, gegebenenfalls bezogen haben könnte.

VI. Jede Zwangsmaßnahme gegen B. ist nach dem unter C. I—V Ausgeführten unzulässig und völkerrechtliches Delikt; sonstige Maßnahmen, wie Vernehmungen von Zeugen und dergleichen zur Sicherung von Beweisen usw. sind zulässig, da die Exterritorialität einen temporären Straf-, nicht Schuldausschließungsgrund bedeutet.

A.

I. Sind deutsche Gerichte an eine amtliche Erklärung oder an ein Gutachten des Auswärtigen Amtes gebunden?

Es ist eine Konsequenz der in der Staatenwelt des XIX. Jahrhunderts — wenn auch mit Einschränkungen und Abbeugungen — zur Herrschaft gelangten Lehre Montesquieus von der Gewaltenteilung —

vgl. esprit des lois XI ch. 4, 6 —, auch Hatschek, Deutsches und preußisches Staatsrecht, II, 1923, S. 530ff. — ferner Willoughby, the constitutional law of the United Staates, II, 1910, S. 125ff. —

wenn jede der drei Gewalten (Gesetzgebung, Rechtsprechung, Verwaltung) an sich verpflichtet ist, die Akte der anderen Gewalt anzuerkennen. In Frankreich ist, in Überspannung dieses Prinzips der „séparations des pouvoirs“, jede Behörde gehalten, ihre Entscheidung auszusetzen, wenn eine „question préjudicielle“, eine Vorfrage aus einem anderen Rechtsgebiete, sich erhebt —

vgl. Otto Mayer, Theorie des französischen Verwaltungsrechts, 1886, S. 87ff.; Duguit, traité de droit constitutionnel, I, 1911, S. 364ff.; 432ff.; bes. 437ff.; Esmein, éléments de droit constitutionnel français et comparé; 5e éd., 1909, S. 392ff.; Hauriou, précis de droit administratif, 8e éd., 1914, S. 940; Laferrière, traité de la juridiction administrative, 2e éd., 1896 I p. 492. —

Nicht so in Deutschland. Hier gilt der Grundsatz, daß jede Behörde, die zur materiellen Beurteilung eines Rechtsverhältnisses zuständig ist, die Kompetenz hat, über alle für ihre Entscheidung erheblichen Vorfragen inzidenter zu befinden, selbst wenn diese aus einem anderen Zuständigkeitsbereiche stammen, und zwar, mangels abweichender positiver Gesetzesbestimmung (vgl. etwa Reichsbeamtengesetz § 155, RVO. § 901), ohne irgendwie an die Auffassung der anderen Behörden gebunden zu sein.

— Vgl. etwa Meyer-Anschütz, Lehrbuch des Deutschen Staatsrechts, 7. Aufl., 1919, S. 768 Note 10; Fleiner, Institutionen des Deutschen Verwaltungsrechts, 3. Aufl., 1913, S. 20ff.; auch Anschütz, Verfassung des Deutschen Reichs (Kommentar), 3/4. Aufl., 1926, S. 279; RG.Civ. (Vereinigte Zivilsenate) 27. IV. 1898 (Bd. XLI, S. 267ff., insbes. 272); Otto Mayer, Deutsches Verwaltungsrecht, I, 2. Aufl., 1914, S. 184 („die fremdrechtliche Vorfrage wird von der Zuständigkeit zur Hauptfrage mit ergriffen"). —

Gilt dies schon — eine folgerichtige Durchführung der richterlichen Unabhängigkeit — gegenüber in ihrem Ressort bindenden Entscheidungen von Verwaltungsbehörden, so a fortiori gegenüber selbst erbetenen Gutachten, die das bleiben, was sie sind und sein sollen: Eine mit keinerlei rechtlicher Kraft ausgestattete Meinungsäußerung einer in der Materie besonders bewanderter Stelle. Aber eine Äußerung, die qualitativ, als Äußerung der Völkerrechtspraktiker Deutschlands, jedenfalls nicht anders zu bewerten ist als eine entsprechende der Völkerrechtstheorie. Dabei kommt allerdings eine qualifizierte Bedeutung solchen amtlichen Erklärungen des Auswärtigen Amtes zu, die sich über die Verbindlichkeit eines angeblichen Völkerrechtssatzes für Deutschland aussprechen. Denn es ist eine Konsequenz der Auffassung von der Gleichheit und Unabhängigkeit der Staaten, daß — von den Universalvölkerrechtssätzen abgesehen: s. Strupp, I 5, 52 — kein Staat an einen Völkerrechtssatz, der im Verhältnis anderer Staaten vielleicht unbestritten gilt, gebunden sein kann, wenn er sich ihm nicht ausdrücklich oder stillschweigend unterworfen hat. Erklärt also das Auswärtige Amt offiziell, daß eine als Völkerrechtssatz behauptete Norm von ihm nicht anerkannt sei, so muß ihm gegenüber der Nachweis geführt werden, daß jene Norm von ihm doch früher einmal als bindend ausdrücklich oder stillschweigend anerkannt worden sei, sofern jene Behauptung bestritten wird. Das gilt sicher im Verhältnis der Staaten. Wie aber hat sich ein deutsches Gericht dazu zu stellen? Es scheint mir, daß es seine Stellung als Behörde im Dienste der Erforschung objektiver Wahrheit verkennen würde, wenn es die Befugnis, die jedem fremden Staate zusteht, nämlich den Nachweis zu führen, daß die Erklärung des Außenministeriums mit seinem sonstigen rechtlichen Verhalten nicht in Einklang zu bringen sei, nicht für sich in Anspruch nehmen könnte. Auch hier hat also eine entsprechende Erklärung des Auswärtigen Amtes für das Gericht keine bindende Kraft, wenn auch zweifellos erhöhtes Gewicht

II. Welche Stellung haben deutsche Gerichte gegenüber amtlichen Erklärungen ausländischer Behörden

a) hinsichtlich der behaupteten Ausländerqualität einer bestimmten Person,

b) hinsichtlich der Zugehörigkeit einer Person zu einer bestimmten ausländischen Beamtenkategorie, insbesondere zu der Kategorie von völkerrechtlich privilegierten Beamten,

einzunehmen?

ad a) Im Prinzip ist von der zu I vorgetragenen Feststellung auszugehen, daß die Gerichte in Deutschland berechtigt sind, zur Bildung einer Meinung, die ihrer Entscheidung zugrunde gelegt werden soll, inzidenter auch über solche Punkte sich schlüssig zu werden, über die andere, seien es in-, seien es ausländische, Behörden sich bereits ausgesprochen haben. Sie können inzidenter z. B. dort über eine fremde Staatsangehörigkeit an der Hand der ausländischen Gesetze sich aussprechen müssen, wo es sich darum handelt, festzustellen ob ein Nichtdeutscher etwa einem Staate angehört, dessen Angehörige nach Maßgabe eines Staatsvertrages von der Leistung des Ausländerprozeßvorschusses befreit sind oder das Armenrecht zugebilligt erhalten können. Bestätigt eine ausländische, nach dem betr. Rechte zuständige Behörde, insbesondere durch eine Urkunde, daß eine bestimmte Person ihre Staatsangehörigkeit besitze, so erhebt sich die Frage, ob das deutsche Gericht an der Hand des fremden Staatsangehörigkeitsrechtes berechtigt ist, für einen ihr zur Prüfung vorgelegten konkreten Fall über die Erklärung der fremden Behörde hinwegzugehen und die fremde Staatsangehörigkeit als nicht bestehend anzunehmen. Man denke an den Fall, daß eine Person von einem Lande, in dem ius soli gilt, als Staatsangehöriger bestätigt wird, während das deutsche Gericht feststellt, daß sie überhaupt gar nicht in jenem Lande geboren ist, somit also die Voraussetzung gefehlt hat, unter der sie die fremde Staatsangehörigkeit nach dem maßgeblichen Staatsangehörigkeitsrechte überhaupt erwerben konnte. Darf das Gericht dann die Erklärung der fremden, zuständigen Behörde ignorieren? Die Frage so gestellt, heißt sie bejahen. In der Tat liegt es durchaus in der Linie des unter I allgemein Vorgetragenen, daß ein Gericht prüft, ob die gesetzlichen Voraussetzungen für einen bestimmten Tatbestand vorliegen, mag auch eine andere — deutsche oder ausländische — Behörde diesen als gegeben angenommen haben. Daß sich hieraus Schwierigkeiten internationaler Natur ergeben können, wenn der fremde Staat darauf besteht, daß eine bestimmte Person ihm zugehöre, kann eine nur dem Gesetze unterworfene Behörde, wie ein Gericht, nicht bekümmern. Nur erwähnt werden mag, daß auch internationale Spruchbehörden sich sehr häufig mit der Staatsangehörigkeit einer bestimmten Person zu beschäftigen haben und daß ihnen regelmäßig das Recht nicht bestritten worden ist, zu der Frage der Nationalität jener Stellung zu nehmen und über sie zu entscheiden

— vgl. nur etwa das auch im übrigen sehr instruktive Urteil des Oberschiedsrichters im Medina-Fall, Lapradelle-Politis, recueil des arbitrages internationaux II, 1924, S. 168ff.; dazu die note doctrinale S. 170ff.; s. auch Laurent und Uhde-Fall, ebendort I S. 568, 678. —

Anders ist die Rechtslage dort, wo etwa die fremde Behörde, ohne daß im Staatsangehörigkeitsgesetz verankerte Voraussetzungen nicht erfüllt wären, von sich aus bestimmte Erfordernisse für die Erteilung einer Staatsangehörigkeit, z. B. die Vorlage gewisser Urkunden, verlangt hat. Sind jene Vorbedingungen nicht erfüllt worden und bescheinigt die Behörde gleichwohl, daß eine Person die Staatsangehörigkeit dieses Staates besitze, so ist das Internum (nämlich die Nichterfüllung der Bedingungen) eine Angelegenheit, die der richterlichen Kognition nicht unterfällt und nicht unterfallen kann, da ja die fremde Behörde durch ihre Erklärung zum Ausdruck bringt, daß sie auf jene Voraussetzungen keinen Wert legt, auf sie verzichtet hat oder ähnliches. Ebenso aber liegt es, wenn etwa die fremde Staatsangehörigkeit um eines rechtlich nicht gebilligten Zweckes wegen erworben wurde oder wenn bei ihrem Erwerb Angaben tatsächlicher Art gemacht worden sind, die der Wahrheit nicht entsprachen. Macht das Gericht einwandfrei solche Feststellungen, so kann es durch Vermittlung seines Auswärtigen Amtes indirekt auf die fremde, zuständige Regierungsstelle im Sinne einer Nachprüfung einer erteilten Aufnahme in den Staatsverband einzuwirken suchen, es ist aber nicht berechtigt, seine Feststellungen in dieser Richtung derart zu verwerten, daß es nun seinerseits, trotz Vorliegens des in dem maßgeblichen Staatsangehörigkeitsgesetze rechtlich normierten Tatbestands, die Staatsangehörigkeit, etwa weil sie per fraudem oder mala fide erworben sei, als nicht vorliegend, erachtet. Das wäre ein Eingriff in das freie Ermessen der Behörde, welche die Naturalisation vollzogen hat. Und es muß weiter hervorgehoben werden, daß, falls ein Verfahren gegen eine Person in Frage steht, für deren Exterritorialität durch amtliche Bescheinigungen usw. zum mindestens (s. sub B.) eine Vermutung spricht, nicht etwa Material zu Feststellungen der oben erörterten Art verwetet werden darf, das nur dadurch in den Besitz der die Untersuchung führenden Behörde gelangt ist, daß eine amtliche Handlung vorgenommen worden ist, die nur dann nicht dem Satze: „omnis coactio abesse debet a legato" widersprechend und daher rechtswidrig sein würde, wenn der Behörde der Nachweis durch anderes Material gelänge, daß eine bestimmte Qualität der Person, mit der Exterritorialität verknüpft ist, nicht gegeben ist.

— vgl. ein Gesetz der U.S.A. von 1790 (Revised Statutes of the United States §§ 4063, 4064), wonach jeder Prozeß nichtig ist, dessen Grundlage Güter oder Schriftstücke bilden, die einem bei der Union akkreditierten Botschafter gehören, sofern diese Materialien durch Beschlagnahmung in fremde Hände gelangt sind.

ad b) Nicht richterlicher Nachprüfung unterliegt die Frage, ob eine fremde Person einer bestimmten Beamtenkategorie zugehört, wenn die nach dem maßgeblichen ausländischen Rechte zuständige Behörde eine amtliche Bescheinigung darüber ausstellt. Es wäre ein unzulässiger Eingriff in fremde Rechtssphäre, auf die einer Gerichtsbehörde keinerlei Einwirkung zustehen kann, wenn diese berechtigt wäre, Untersuchungen mit Rechtswirkungen darüber anzustellen, ob die betr. Person wirklich bei der attestierenden Behörde beschäftigt ist. Auch dann, wenn etwa die betr. Stellung, an die sich bestimmte Rechtsfolgen knüpfen, eine reine Titularstellung wäre, könnte das Gericht nicht für befugt erachtet werden, die behauptete Amtsqualität in Abrede zu stellen. Es kann ihr zwar die Befugnis nicht aberkannt werden, über den tatsächlichen Umfang und Inhalt eines Amtes in concreto sich irgendwie zu vergewissern, wohl aber, daraus rechtliche Folgerungen zu ziehen. Soweit es sich insbesondere um Diplomaten handelt, kann ein Gericht auch in diesem Falle nur ihr Material dem eigenen Außenministerium zur Einleitung geeigneter Schritte zur Verfügung stellen. Aber auch wiederum gilt hinsichtlich der Erlangung des Materials das am Ende der Ausführungen unter a) Gesagte. Und es muß weiter gerade bei solchen Personen mit Nachdruck betont werden, daß Nachforschungen über die tatsächliche Beschäftigung einer Person, die nach amtlicher Bescheinigung der zuständigen Auslandsbehörde einer diplomatischen Mission angehört, sehr wohl, durch Gerichtsbehörde als staatliche Organe vorgenommen, völkerrechtswidrige Intervention, d. h. Einmischung in die Angelegenheiten eines fremden Staates

— vgl. dazu nur etwa Strupp, l'intervention en matière financière, § 1, cours professé, en 1925, à l'Académie de droit international de la Haye, Recueil des cours 1926 III, 1 ff.; Strisower, s. v. Intervention in Strupps Wörterbuch des Völkerrechts und der Diplomatie; Strupp I, 53; Cavaglieri, l'intervento, 1913 —

darstellen und die Wirkungen eines völkerrechtlichen Delikts auslösen können

— vgl. Strupp, Das völkerrechtliche Delikt, 1920. —

B.

I. Welches sind die Rechtsquellen, aus denen sich die hier in Betracht kommenden Rechtsgrundsätze entnehmen lassen?

a) Für ein deutsches Gericht kann für die Rechtsfindung, soweit Normen des Völkerrechts in Frage kommen, nur ein in Landesrecht umgegossenes Völkerrecht maßgeblich sein.

Es kann seit den grundlegenden, tiefschürfenden Ausführungen Heinrich Triepels in seinem Werke „Völkerrecht und Landesrecht" (1899), dem sich die italienische Völkerrechtswissenschaft, vor allem Anzilotti, Cavaglieri, Diena, angeschlossen, heute als nahezu unbestritten gelten, daß Völkerrecht soweit es Recht zwischen Staaten ist

— darüber, daß auch Nichtstaaten Völkerrechtssubjekte sein können, ist hier nicht zu handeln: Vgl. etwa Strupp I S. 16 ff. — nur diese als solche berechtigt und verpflichtet, daß Völkerrecht und Landesrecht getrennte Rechtskreise sind. Daraus folgt aber, daß staatliche Organe, insbesondere auch Gerichtsorgane, nicht direkt, sondern nur dann und nur insoweit verpflichtet werden, als das Völkerrecht, mag es aus staatsvertraglicher oder gewohnheitsrechtlicher Vereinbarung entfließen

— vgl. Strupp I S. 7ff. —,

in Landesrecht umgegossen worden ist

— vgl. zu dem Problem besonders Anzilotti, il diritto internazionale nei giudizi interni, 1905, S. 45ff., 57ff., 64ff., 78ff., bes. 79[1], 101ff., 109ff., 121, 159ff., 169, 175, aber z. T. abweichend S. 182ff. für die „Vorfragen"; wie dort siehe auch Triepel 439f.; Diena, RGJP. XII 522, XVI 57ff.; van Praag, juridiction en droit international, 69, 89. —

b) Dabei ist es gleichgültig, ob dieser Umguß durch Gesetz oder Verordnung (im formellen Sinne) oder durch landesrechtliche, von der opinio iuris gentium erfüllte Gewohnheit erfolgt ist.

Da Gesetz und Verordnungen, letztere soweit sie auf gesetzlicher Grundlage beruhen, gleichwertig sind, kann der Umguß von Völkerrecht in, an Behörde bzw. Private sich richtendes Landesrecht, zunächst durch jenes erfolgen. Dabei gilt für das Gebiet des deutschen Rechtes nach der Weimarer Verfassung vom 11. August 1919 Art. 4 der verfassungsrechtliche Grundsatz, daß „allgemein anerkannte Sätze des Völkerrechts als bindender Bestandteil des deutschen Reichsrechts" anzusehen sind. Durch diese, dem angloamerikanischen Rechte

— vgl. Picciotto, the relation of international law to the law of England and of the United States, 1915, auch Triepel a.a.O. S. 135ff. —

entnommene Vorschrift wird generell auch völkerrechtliches Gewohnheitsrecht, d. h. Recht, hinsichtlich dessen zwei oder mehrere Staaten der Ansicht sind, daß es für sie als überstaatliches, nicht nur paralleles landesrechtliches Recht bindend (daher nicht nur opinio iuris, sondern opinio iuris gentium erforderlich) sei

— vgl. Strupp I 4, 8—10, —

in Landesrecht „transformiert" (Giese), wobei die herrschende Auffassung

— vgl. Anschütz, Die Verfassung des deutschen Reiches (Kommentar), 3/4. Aufl., 1926, S. 47 (sub. 4); Giese, Die Reichsverfassung (Kommentar), 7. Aufl., 1926, S. 57; s. auch RG.Civ. C III, 276 —

die nicht ganz scharf formulierte Vorschrift dahin ausgelegt, daß allgemeine Anerkennung nicht eine solche durch alle Kulturstaaten, jedenfalls aber doch eine solche des betr. angeblichen Völkerrechtssatzes durch Deutschland zur Voraussetzung haben müsse.

c) Für die Beurteilung der Rechtsstellung eines Mitgliedes einer ausländischen diplomatischen Mission kommen in Betracht

1. §§ 18, 19 des Deutschen Gerichtsverfassungsgesetzes,

2. das in Landesrecht umgegossene, eventuell die §§ 18, 19 GVG. ergänzende und korrigierende Gewohnheitsrecht nach Maßgabe des Art. 4 der Reichsverfassung — dies aber nur, sofern eine Völkerrechtsvorschrift auf diesem Wege zu Landesrecht geworden ist, ohne deren Umguß ein Zwiespalt zwischen Völkerrecht und den §§ 18, 19 GVG. bestände.

§ 18 GVG. lautet:

„Die inländische Gerichtsbarkeit erstreckt sich nicht auf die Chefs und Mitglieder der bei dem Deutschen Reiche beglaubigten Missionen. Sind diese Personen Staatsangehörige eines der deutschen Länder, so sind sie nur insofern von der inländischen Gerichtsbarkeit befreit, als das Land, dem sie angehören, sich der Gerichtsbarkeit über sie begeben hat."

§ 19 GVG. bestimmt:

„Auf die Familienmitglieder, das Geschäftspersonal der im § 18 erwähnten Personen und auf solche Bedienstete derselben, welche nicht Deutsche sind, finden die vorstehenden Bestimmungen Anwendung."

Diese Vorschriften (von denen § 19 der Klarheit entbehrt) stehen nicht in Widerspruch zu dem positiven Völkerrecht

— vgl. aber Pradier-Fodéré III, 391. —

§ 18 nimmt von der, prinzipiell (nach der in aller Herren Länder bestehenden Rechtsparömie „quidquid est in territorio, etiam est de territorio") bestehenden staatlichen Jurisdiktions- und Zwangs- (nicht Gesetzgebungs- — vgl. Strupp I, 91 —) gewalt aus einmal die Chefs diplomatischer Missionen, sodann die Mitglieder des sog. personnel officiel, zu denen zu rechnen sind Botschafts- und Gesandtschaftsräte, Gesandtschaftssekretäre, Attachés, und zwar sowohl Militär- wie Marine-, wie die neusten mehr und mehr aufgekommenen Handels- und Presseattachés. Aber auch Titularattachés („attachés honoraires") sind nach geltendem Rechte von der Zugehörigkeit zu der Kategorie des personnel officiel nicht ausgenommen.

— s. dazu Moore IV, 437, der nicht weniger als 8 Arten von Attachés nennt. —

Der in § 18 durch die Formel: „Mitglieder der beim Deutschen Reiche beglaubigten Missionen" geschaffene Rahmen wird durch das in Landesrecht rezipierte einschlägige Völkerrecht ausgefüllt. Für diese Gruppe gilt, ohne daß das Völkerrecht dem im Wege stände —

— vgl. van Praag a. a. O. 100, 101, —

Exterritorialität zwar als Prinzip; sie besteht aber — mangels Genehmigung des zuständigen Landes — dort nicht, wo es sich um einen sogenannten „agent diplomatique régnicole" handelt (§ 18 Satz 2)

— vgl. Praag 233ff., der zutreffend hervorhebt, daß in dieser Frage vom Missionschef abgesehen, eine feste gewohnheitsrechtliche Praxis hinsichtlich der Diplomaten nicht besteht, die nicht an der Spitze der Mission stehen: S. S. 234ff., bes. 238. — Hier braucht auf diese Frage nicht näher eingegangen zu werden,

da § 18 Satz 2 in der Staatenpraxis keine Beanstandung erfahren hat. § 19 GVG. behandelt die Familienmitglieder, das Geschäftspersonal der im § 18 bezeichneten Personen (das sog. personnel non officiel, wozu vor allem der Gesandtschaftsarzt, der Geistliche, der Privatsekretär des Missionschefs zu rechnen sind), endlich das nichtdeutsche Dienstpersonal (gens de livrée).

— vgl. van Praag 479, 480. Moore IV, 648, der eine amtliche amerikanische Instruktion von 1897 hervorhebt: „the personal immunity of a diplomatie representative extends ... especially to his secretaries"; Vattel, droit des gens, liv. IV et IX, § 122; Geffcken bei Holtzendorff III, 661; Bevilaqua I, 442; Olivart II, 69; Calvo III, 332ff.; zu weit von Waldkirch, Völkerrecht, 1926, S. 159, der Sekretäre sogar zu dem personnel officiel rechnet. Vgl. auch G. F. v. Martens, Einleitung in das positive europäische Völkerrecht, 1796, S. 275, 276: „Bei größeren Gesandtschaften pflegen dem Gesandten ... zuweilen auch ein Kanzler, Gesandtschaftsprediger usw. mitgegeben zu werden. Dazu kommen noch die von dem Gesandten allein abhängigen Privatsekretäre ... die ... der an dem Hofe der Gesandtschaft zuständigen Freyheiten ... genießen oder sie behaupten."

Man vergesse nicht: Der Privatsekretär steht in einem besonders gearteten engen Vertrauensverhältnis zum Missionschef, das ihn oft Dinge wissen läßt, die den übrigen Missionsmitgliedern vorenthalten bleiben.

— vgl. die Kontroverse zwischen Vattel und seinem Kommentator Pinhein-Ferrera in der Ausgabe Pradier-Fodérés III, 321, 322. —

Auch die in § 19 genannten Personen sind von der deutschen Zwangsgewalt in dem durch das Völkerrecht abgesteckten Rahmen befreit.

II. Die aus den zu c) 1 und 2 erwähnten Rechtsquellen sich ergebenden, hier interessierenden Grundsätze über die Exterritorialität von Mitgliedern einer diplomatischen Mission.

a) Die Exterritorialität ist eine durch die Grundidee der diplomatischen Exterritorialität („ne impediatur legatio") gebotene, von allen Kulturstaaten als Prinzip anerkannte Einschränkung der staatlichen Unabhängigkeit, sie ist daher, wie jede Ausnahme, restriktiv auszulegen.

b) Auch restriktive Interpretation muß aber nach Lage des allein maßgeblichen positiven Rechtes (das durch rechtspolitisch vielleicht wünschenswerte Forderungen an die Staaten als Völkerrechtssetzungssubjekte und durch unbeanstandete Hinnahme von Autoritätenmeinungen, namentlich in Lehrbüchern, iuris vice, nur zu leicht und zu oft verdunkelt wird) in personeller Hinsicht zu der Feststellung führen

1. daß — unbestritten — der Missionschef (Botschafter, Gesandter, Ministerresident, Geschäftsträger) stets des sog. Agréments, und zwar vor seiner Ernennung, bedarf,

2. daß — freilich neuestens vom Auswärtigen Amt bestritten — die Mitglieder der Mission keiner Genehmigung bedürfen, um die Rechtsfolgen ihrer Stellung für sich auszulösen, sofern sie nicht Angehörige des Aufenthaltsstaates selber sind (s. oben sub Ic).

c) Ihre Anstellung selbst bleibt unter allen Umständen ein interner, staatsrechtlicher Akt des Absendestaates.

ad a) Der Rechtsgrund der diplomatischen Exterritorialität ist (für den Missionschef auch in der Stellung als völkerrechtlicher Vertreter des Absendestaates) für die Mitglieder der Mission vor allem in dem schon von Cornelius van Bynkershoek — de foro legatorum, cap. 8, § 2 — erkannten Zweck zu erblicken, „ne impediatur legatio".

— vgl. auch Montesquieu, esprit des lois, livre XVI, ch. 21: „ils sont la parole du prince qui les envoie, et cette parole doit être libre. Aucun obstacle ne doit les empêcher d'agir"; ferner das klassische Werk über Diplomatenrecht Pradier-Fodérés, cour de droit diplomatique, 2e ed., II 192ff. —

Eine reibungslose Durchführung der Aufgaben der Mission soll ermöglicht werden, und sie scheint nach positivem Völkerrechte nur gewährleistet, wenn die Mitglieder der fremden Vertretung von jedem Zugriff der Staatsgewalt des Aufenthaltstaates während der Dauer ihrer Tätigkeit befreit bleiben. Hat die Entwicklung dahin geführt, auch die Familienmitglieder der Missionsangehörigen in den personellen Umkreis der mit Immunität Ausgestatteten einzuschließen, so hat man auch sonst — auch aus Gründen äußeren Glanzes —

— man denke an die zahlreichen exterritorialen „Gesandtschaftskavaliere" früherer Zeiten (Schmalz, Das europäische Völkerrecht, 1817, S. 91; Joh. Jak. Moser, „Beiträge zu dem neuesten europäischen Völkerrecht in Friedenszeiten", III 147ff., über sie auch G. F. v. Martens, Einleitung in das positive europäische Völkerrecht, 1796, S. 274), die nur zum geringen Teile oder gar nicht wirkliche Dienste leisteten —

den Rahmen der Exterritorialen ziemlich weit gesteckt. Daß dabei sehr viel, was hier als Völkerrecht gelehrt wurde, in Wahrheit Meinung eines Autors oder eines Staates war, muß — handelt es sich doch gerade in dieser Materie um nicht aufgezeichnetes Recht! — ebenso nachdrücklich hervorgehoben werden, wie die umgekehrte, neuere Tendenz der Völkerrechtspolitik, die zum Teil unbedingt zu weitgehenden Regeln über Exterritorialität in personeller und sachlicher Hinsicht einzudämmen

— vgl. in dieser Hinsicht schon F. de Martens, traité de droit international, II, 1886, S. 87; ferner den Questionnaire des comité d'experts pour la codification progressive du droit international des Völkerbundes vom 26. 1. 1926, S. 2; in der gleichen Richtung liegt ein von mir für die Wiener Tagung der International Law Association (August 1926) entworfener, noch nicht publizierter Avant-projet d'un code d'immunité, 1926 —.

Zu den unzweifelhaft im positiven Völkerrechte verankerten Rechtssätzen gehört, daß zwar für den Missionschef ein agrément nachgeholt werden muß, um ihn in den Besitz seiner Rechtsstellung als Vertreter des fremden Staates zu setzen, daß aber die Mitglieder seiner Mission keiner Genehmigung bedürfen, um die als Legalwirkungen an ihre Ernennung sich anknüpfenden Rechtsfolgen ihrer Stellung, d. h. die Exterritorialität, für sie auszulösen, höchstens mit der vom Völkerrechte nicht verbotenen Einschränkung, daß vom Aufenthaltsstaat dann eine solche Genehmigung erbeten werden muß, wenn die Betreffenden Mitglieder des — nach deutschem Rechte — personnel officiel sind. Die Anstellung selbst bleibt unter allen Umständen ein interner, staatsrechtlicher Akt des Absendestaates, wobei allerdings dort, wo eine Ernennung nicht durch dessen Regierung, sondern durch den Missionschef im Aufenthaltsstaate erfolgte, dem letzteren das Prüfungsrecht nicht versagt werden darf, ob der Missionschef nach dem Rechte seines Staates kraft einer ihm erteilten Delegation berechtigt war, die Ernennung von sich aus zu vollziehen.

d) Eine über die im Vorstehenden dargelegten Grundsätze hinausgehende Genehmigung der, die Exterritorialität als Ipso-iure-Rechtsfolge in sich begreifende Anstellung als Missionsmitglied seitens des Aufenthaltsstaates besteht nicht.

Das Auswärtige Amt hat in einer Mitteilung an die Gerichtsbehörde in concreto erklärt, „daß es eine Völkerrechtsnorm, wonach Personen, deren Nichtgenehmheit dem Absendestaate von vornherein bekannt ist oder bei denen keine bona fides vorliegt, keine Exterritorialitätsrechte erwerben, als für sich verbindlich anerkennt". Diese Auffassung kann de futuro de lege ferenda von Bedeutung werden. In der Staatenpraxis findet sie Stütze in einer vom Auswärtigen Amte auch herangezogenen — von van Praag S. 477 Note 1262 kritisierten — Entscheidung des Court of appeal vom 1. Juni 1891 (Clunet, Bd. 18, S. 1255). Die gegenteilige Auffassung wird überall vorausgesetzt und muß als allgemeine Völkerrechtsregel gelten, die auch das Deutsche Reich stillschweigend akzeptiert hat. Die entgegengesetzte neue Meinung des Auswärtigen Amtes läßt sich aus keinem Völkerrechtssatze ableiten und nicht lediglich durch entsprechende deutsche Praxis beweisen. Eine Ernennung trotz Kenntnis von Nichtgenehmheit kann nach Lage der Dinge Verstoß gegen Courtoisie, eventuell selbst Delikt sein, die Legalwirkung der Ernennung berührt sie nicht. Mutatis mutandis gilt hier, was Gemma 143 für den Missionschef dahin formuliert: „La funzione di cui l'agente è investito non può essergli tolta che dallo Stato dal quale esso dipende, non mai da quello di cui è ospite, perchè altrimenti la stessa sicurezza della missione ne andrebbe irreparabilmente compromessa."

e) Die Aufnahme in eine vom Aufenthaltsstaate etwa geführte Diplomatenliste ist erst recht nicht Voraussetzung für die Exterritorialität, sie hat auch nach geltendem Rechte überhaupt keine Rechts-, sondern nur höchstens zeremonielle Bedeutung.

— So besonders klar schon Ch. de Martens, manuel diplomatique, 1822, S. 100: „Dans plusieurs pays il est d'usage d'inviter les ministres étrangers à envoyer au département des affaires étrangères, après leur arrivée, la liste des personnes appartenant à leur suite, et même d'indiquer les changements qui peuvent survenir pendant la temps de leur mission." Pradier-Fodéré spricht in seinem „cours de droit diplomatique" (I 426) von der Anzeige der Ernennung von neuen Gesandtschaftssekretären und Attachés und fügt hinzu, daß der Außenminister des Empfangsstaates „en donne avis au maître des cérémonie". Vgl. auch Satow, a guide to diplomatie practice, 2. Aufl., 1922, I, 271; Pitt Cobbett I, 316; Hall 231; Nys II, 443; Moore IV 649; vgl. auch noch den Fall Heathfield v. Chilton bei Scott, S. 289. —

f) Die Exterritorialität beginnt, falls sich die betreffende Person im Aufenthaltsstaate befindet, mit der Anstellung bei der fremden Mission. Eine eventuelle Notifikation an das Außenministerium hat lediglich deklaratorische (rechtsfeststellende), nicht konstitutive (rechtschaffende) Wirkung.

— Vgl. Garden, traité complet de diplomatie, 1833, II, 20ff.; Moore IV, 652, instruktiv Chance-Fall bei Hyde I, S. 750 Fußnote.

g) Die Exterritorialität endigt, außer aus sonstigen Gründen, — vgl. Strupp I 94 —

namentlich durch Verzicht seitens des Absendestaates. Dieser Verzicht kann, da es sich um ein Recht nicht der exterritorialen Person, sondern ihres Staates handelt

— van Praag 282, 295, 297, 303; Clunet, 1914, S. 618; Hyde I, 750; Pradier-Fodéré, cours de droit diplomatique II, 217; Rivier, principes I, 497; Strisower, im österreichischen Staatswörterbuch I, 1905, 913; derselbe in Recueil des cours de l'Académie de droit international de la Haye I, 1923, S. 242, 243, 244, 261; Annuaire de l'Institut de droit international XIV, 237ff., (aber auch XV, 285ff.); abweichend Hall, 184, 186; Oppenheim I, § 391; Clunet, 1914, S. 619 (zweifelnd) —

rechtswirksam nur von diesem, d. h. von dem Außenminister oder, bei Anstellung durch den Missionschef, durch diesen erklärt werden

Er muß den deutlichen, unzweifelhaften Willen beinhalten, daß die Exterritorialität in concreto nicht geltend gemacht werden solle. Sie wird aber auch dadurch ex lege beseitigt, daß das Anstellungsverhältnis zu dem bisher Exterritorialen aufgekündigt wird. In diesem Falle bedarf es einer entsprechenden Erklärung an den Angestellten, die die Exterritoralität aber vor Endigung des Dienstverhältnisses nur dann beseitigt, wenn expressis verbis seitens des Anstellenden in bezug auf den Angestellten auf sie verzichtet wird.

III. Die amtliche Erklärung des fremden Missionschefs, daß eine bestimmte Person im Dienste der Mission stehe, schafft ohne Rücksicht darauf, ob überhaupt und wie sie evtl. beschäftigt wird (man denke an die Militärattachés, die vielfach nichts anderes als geduldete Spione sind),

— in keinem der auf S. **39ff.** verzeichneten und von mir durchgesehenen Lehrbücher findet sich ein Hinweis darauf, daß ein Staat berechtigt sei, zu prüfen, ob ein kraft Dienstverhältnisses Exterritorialer auch wirklich Dienste leistet. Das ist ein Internum des Absendestaates, in das einzumischen völkerrechtswidrige Intervention wäre. S. oben sub Ib) — vgl. etwa Pradier-Fodéré III, 399 —

zugunsten jener eine unwiderlegbare praesumtio iuris et de iure, die eine Endigung der so geschaffenen Rechtsstellung selbst bei Nachweis von fraus oder mala fides keinesfalls ipso iure bewirken würde, sondern höchstens Anlaß zu diplomatischen Schritten, eventuell unter dem Gesichtspunkte eines völkerrechtlichen Deliktes, dies aber nur bei zurechenbarem Wissen des fremden Staates, geben könnte.

Daß solche Schritte als geboten erscheinen können, versteht sich von selbst. Keinem Staate kann zugemutet werden, daß er Personen bei sich in exterritorialer Stellung dulde, die diese in irgendeiner, ihn schädigenden Weise verwerten wollen

— in diesem Sinne sehr richtig auch Pradier-Fodéré III, 388; Cour de cassation française (13. Oktober 1865) bei Sirey 1866 I, S. 34; Buntschli, Das moderne Völkerrecht der zivilisierten Staaten als Rechtsbuch dargestellt, 3. Aufl. 1878, S. 127, Nr. 146; so auch Pradier-Fodéré, cours de droit diplomatique, II, 221 (der die Taktseite des Problems besonders treffend unterstreicht); Hatschek 89, de Heyking, l'exterritorialité, 1889, S. 66; zu weitgehend aber wohl Scott 291 Fußnote; Ozanam, l'immunité civile de juridiction des agents diplomatiques, 1912, S. 89; Pradier-Fodéré II, 188; Westlake I, 280, die eine Exterritorialität gar nicht zur Entstehung kommen lassen wollen. Vgl. auch aus der Entscheidung des englischen Court of Kings Bench in Sachen Heathfield v. Chilton (1767): „the law be liberal, yet does not give protection to screen persons, who are not bona fide servants to public ministers, but only make use of that pretence in order to prevent their being liable to pay their just debts". S. weitere Beispiele (für England) bei Scott 288 und bei Phillimore II (1882), 229ff. —

Das sind sehr erwägenswerte rechtspolitische Gedanken, denen ich als solchen de iure codendo vollinhaltlich beipflichte.

C.

Folgerungen für den konkreten Tatbestand:

I. Herr A. ist nach wiederholt gegebener amtlicher Auskunft der Xschen Gesandtschaft in Berlin Xscher Honorarattaché bei ihr und Privatsekretär des dortigen Gesandten. Er ist daher

a) als Honorarattaché Mitglied des personnel officiel (§ 18 GVG.),

b) als Privatsekretär dem personnel non officiel zuzuzählen (§ 19 GVG.).

II. Herr A. ist nach der Auskunft des Xschen Gesandten in Bern und den bei den Akten befindlichen Urkunden am 22. März 1920 Xscher Staatsangehöriger geworden. Die in dem Erwerb der Xschen Staatsangehörigkeit ohne Verständigung mit dem Reiche liegende Verletzung von Art. 17 des deutsch-Xschen Handelsvertrages vom 11. Juni 1873 (GRVBl. 351)

— „Die Kaiserlich Deutsche Regierung verpflichtet sich, ... Untertanen Naturalisationsurkunden nur unter der ausdrücklichen Bedingung der vorgängigen Zustimmung der ..... Regierung zu erteilen; ebenso verpflichtet sich die ..... Regierung ihrerseits, keinem Angehörigen des Deutschen Reiches ohne vorgängige Zustimmung der Regierung desselben eine Naturalisationsurkunde zu erteilen."

ist zwar völkerrechtliches Delikt, vermag aber den Erwerb des Xschen und damit, gemäß § 25 des Reichs- und Staatsangehörigkeitsgesetzes vom 22. Juli 1913 (GRBl. 583), den Verlust der deutschen Staatsangehörigkeit nicht zu verhindern, sondern begründet nur einen (deliktischen) Anspruch von Staat zu Staat

— s. Strupp, Das völkerrechtliche Delikt, 1920; v. Keller-Trautmann, Kommentar zum Reichs- und Staatsangehörigkeitsgesetz, 1913, S. 124 —.

Aber selbst wenn Deutschland im Repressalienwege

— s. Strupp a. a. O., ferner Strupp I, 145 —

wegen des Vorliegens eben des deliktischen Tatbestandes die Exterritorialität nicht anzuerkennen brauchte, so wäre doch

III. die deutsche Staatsangehörigkeit des Herrn A. durch die laut Auskunft der liechtensteinischen Regierung am 11. Juni 1920 erlolgte Einbürgerung in Liechtenstein jedenfalls an diesem Tage verloren gegangen.

IV. Herr A. ist nach den Ausführungen unter B und C I, II, III als nichtdeutscher Angehöriger der diplomatischen Mission des Staates X anzusehen und daher auch nach § 18, 19 GVG. exterritorial.

V. Er besitzt diese Exterritorialität auch heute noch, da

a) eine eventuelle durch Material, das keinesfalls durch, gegenüber Exterritorialen unzulässige Maßnahmen erlangt sein darf, einwandfrei nachweisbare „Erschleichung" der Stellung zum Nachteile Deutschlands, solange eine Kenntnis dieses Tatbestandes durch den Xschen Gesandten in Bern als Anstellungsbehörde, nicht nachweisbar ist, somit also kein — eventuelles übrigens höchst zweifelhaftes — völkerrechtliches Delikt vorliegt, höchstens zu diplomatischen Schritten im Verhältnisse Deutschlands zu X nicht aber zu einer Beseitigung der Legalwirkung der Exterritorialität als Folge der Anstellung im Xschen Außendienste Anlaß geben könnte,

b) ein wirksamer Verzicht auf die Exterritorialitätsrechte eines Missionsmitgliedes nur durch die Regierung des Absendestaates oder kraft zu vermutender Delegation des Verzichtsrechtes an den Missionschef durch diesen erfolgen kann, ein solcher aber rechtswirksam nicht erklärt worden ist und

c) selbst eine Verzichtserklärung in der Erklärung des Dr. C. unterstellt, diese sich nur auf den Schutz als Staatsangehöriger, nicht aber ohne weiteres (s. sub IIe) auf die Anstellung, deren Kündigung nur dem Angestellten gegenüber erklärt werden konnte, gegebenenfalls bezogen haben könnte.

— In diesem Zusammenhange scheint ein Hinweis auf Art. 3 Abs. 6 gerade des deutsch-Xschen Vertrages vom 11. Juni 1873 am Platze, der bestimmt:

„Les agents diplomatiques ... ne devront pas protéger, ni en secret, ni publiquement, aucun sujet ... qui ne serait pas employé effectivement par leursmissions." —

Ergebnis.

Jede **Zwangs**maßnahme gegen Herrn A. ist nach dem unter I—V Ausgeführten unzulässig und völkerrechtliches Delikt gegenüber X. Sonstige Maßnahmen, wie Vernehmung von Zeugen (nicht des Angeschuldigten!) und dergleichen zur Sicherung von Beweisen usw. sind zulässig, da die Exterritorialität einen temporären Straf-, nicht Schuldausschließungsgrund bedeutet.

Zweiter Probefall.

Zar Ferdinand-Fall.

(Court of Chancery, 1920 [1921 1 Ch. 107]).

I. Es handelte sich in diesem Falle um zwei Berufungen (appeals) des Exkönigs Ferdinand von Bulgarien gegen zwei gerichtliche Anordnungen vom 30. Juli und 12. August 1919, durch die Vermögensbestandteile, die der König vor Ausbruch des Krieges zwischen Bulgarien und England (Oktober 1915) bei einem englischen Bankhaus deponiert hatte, dem Solicitor of the Treasury als Treuhänder des englischen Königs zugesprochen wurden. Am 19. Juni 1919 hatte eine Untersuchung festgestellt, daß die Vermögensbestandteile durch den Krieg dem englischen König verfallen seien. Am 19. November 1919 erging schließlich eine Anordnung des Board of Trade in Gemäßheit der Trading with the Enemy Amendment Act von 1919, durch die die Vermögensstücke dem Custodian übertragen wurden. Das besagte, daß sie nach Ansicht des Board of Trade jedenfalls nicht dem König verfallen waren.

II. Vier Punkte waren es, die dem Gericht, für das Lord Sterndale berichtet, zur Entscheidung vorgelegt wurden:

1. Was it ever the common law of England that the crown had the right to seize and claim as forfeited to it private property including choses in action found in this Kingdom belonging to subjects of an enemy state?

2. If so, had that right ceased to exist before the passing of the Trading with enemy Act?

3. If not, has it been abandoned or ceased to exist by reason of the legislation contained in the various acts relating to trading with the enemy, so for as such legislation deals with the disposition of enemy property during war?

4. Had the crown lost the right to claim the forfeiture of such property, because no inquisition had been held before the conclusion of the armistice with Bulgaria? Das Gericht hat die Frage I bedingungslos bejaht. In eingehender Besprechung unter Heranziehung reichlicher Literatur und Polemik gegen Oppenheim, der allein jenes Konfiskationsrecht als „obsolet“ bezeichnet habe, unter Polemik vor allem gegen Lord Ellenborough, der im Falle Wolff v. Oxholm eine Generalkonfiskation (aller Schulden von Dänen an Engländer) 1817 für völkerrechtswidrig erklärt hatte, unter Behauptung der Existenz einer Kette von Präjudizien, erklärt sich Lord Sterndale für ein absolutes, potentielles Konfiskationsrecht der Krone, womit gleichzeitig Frage II verneint wird. Zu Frage III wird die Möglichkeit der Vernichtbarkeit eines solchen Rechtes durch

einfachen „disuse“ verneint, aber die Möglichkeit eines Verzichtes seitens der Krone zugegeben und für den konkreten Krieg und den speziellen Fall bejaht. „. . . A power to west property in a custodian to be dealt with at the end of the war as His Majesty should by Order in Council direct, is inconsistent with an intention of preserving a power to insist on an absolute forfeiture at common law. The one contemplates a discretion as to the disposal of the property which would no doubt be affected by the provision of the Treaty of Peace, while the other works an absolute forfeiture following the exercice of a right still in existence but unexercised in late years . . . if the Crown in taking powers in many respects inconsistent with that right meant also to preserve it, the intention to do so should be clearly shown and in my opinion this is not the case“. Er verweist weiter auf das dictum des Judge Bankes im Falle Stevenson v. Cartonagen-Industrie (1917, 1. K. B. 852) mit den Worten: „The whole of the legislation which has been passed since the beginning of the war dealing with enemy property in this contry, rests on the assumption that the Crown is not insisting on any common law right to claim such property“.

Dem Ergebnis, daß die angefochtenen Gerichtsbeschlüsse unzulässig gewesen seien, sind auch die Richter Warrington und Younger beigetreten. „It is well settled“, heißt es hier, „that the outbrak of war does not of itself effect a forfeiture nor can the Crown assert its right by simply seizing the property or requiring the person in whose custody it is to transfer it to an offcer of the Crown; the title of the Crown must first be found by inquisition of office, and this must be done before the conclusion of peace“!

III. Eine Kritik der Sentenz muß notwendig den häufigen Zwiespalt zwischen kontinentalem und anglo-amerikanischem Völkerrecht Rechnung tragen, das namentlich auf einem Gebiete, in dem der Feindbegriff eine so bedeutsame Rolle spielt. Daran vermag es auch nichts zu ändern, daß Art. 46 der Haager Landkriegsordnung in der Fassung von 1907 auch für England und die Union gilt; denn diese Norm handelt von besetzten Gebieten und kann nicht unbedingt verallgemeinert werden. Wie — unzweifelhaft — England und Amerika gemäß ihrer Feindesauffassung berechtigt gewesen sind, Liquidationen und Sequestrationen zu verhängen, da sie das entgegenstehende kontinentale Völkerrecht nie akzeptiert haben, so wäre es auch an sich denkbar, daß mangels umfassenderer Geltung des Konfiskationsverbotes ein entgegengesetzter anglo-amerikanischer Völkerrechtssatz nicht völkerrechtswidrig wäre (vgl. Strupp, éléments du droit international public universel, européen et american, 1927, p. 8, 10, 11). Eine Betrachtung der anglo-amerikanischen Theorie und Praxis läßt nun jedenfalls mit Bestimmtheit die Feststellung treffen, daß von einem Ipso-iure-Verfalle des fremden Privateigentums zu Lande in keinem Falle gesprochen werden kann und daß die Gerichte höchstens (mit starken Nuancen) nach Lage des englischen bzw. amerikanischen Landesrechts eine entsprechende gesetzgeberische Maßnahme für zulässig erklären.

a) England: Wird hier auch die milde Entscheidung Lord Ellenboroughs (Wolff v. Oxholm) aus dem Jahre 1817 gelegentlich kritisiert, so erkennt doch z. B. selbst Hall, der die dänische Verordnung von 1807 nicht für eine Einzelerscheinung ansieht, und Konfiskation von Privateigentum auch zu Lande für zulässig erklärt, an (S. 525), „the absence of any instance of confiscation in the more recent European wars, no less than the common interest of all nations and present feeling, warrant a confident hope that the dying right will never again be put in force, and that it will soon be wholly extinguished by disuse". Lawrence (402) fragt sich, ob das alte Recht überhaupt noch als existent angesehen werden könne, nachdem es über ein Jahrhundert nicht zur Anwendung gekommen sei und schließt: „If it is a right to argue from the practice of nations to the law of nations, we may join the great majority of continental publicists in the assertion that the International Law of our own time does not permit the confiscation of the private property of enemy subjects found on the land territory of the state at the outbreak of war ... International Law should allow, under careful limitation, a right to sequestrate, but nothing more" (S. 402, 403). Bellot (82) hält zwar die Auffassung, daß die Staatsgewalt noch berechtigt sei, Konfiskationen anzuordnen, für das anglo-amerikanische Recht konform, gibt aber zu, daß in praxi diese Theorie nur noch ausnahmsweise zur Anwendung komme.

Von Gerichtsentscheidungen verdient Erwähnung die des Dr. Lusington im Fall Johanna Emilie (Hall 526), in der das alte Recht erwähnt, aber betont wird, daß von 1812—1854 keine entsprechende Behandlung des Privateigentums vorgekommen sei und der Roumanian-Fall aus dem Weltkrieg (1 B und CPC. 545; auch Hall 526), wo es heißt: „If the Crown has ceased to exercise its ancient rights of seizing and appropriating the foods of enemy subjects on land, according to the ancient law it was also seizable ... the rigour was afterwards relaxed. I believe no such instance has occurred from the time of the American war to the present day".

Nicht ohne Interesse ist schließlich, daß die Magna Charta libertatum vom 15. Juni 1215 einen Passus enthielt, der dahin lautete: „Omnes mercatores habeant salvam et securam exire de Anglia et venire in Angliam et morari et ire per Angliam tam per terram quam per aquam ad emendum et vendendum sine omnibus malis toltis per antiquas et rectas consuetudines praeterquam in tempore guerrae. Et si sint de terra contra nos guerrina et si tales inveniantur in terra nostra in principio guerrae attineantur sine dampno corporum et rerum donec sciatur a nobis vel a Capitali Iudiciario nostro quomodo mercatores terrae nostrae tractentur qui tunc invenientur in terra contra nos guerrina. Et si nostri salvi sint ibi, alii salvi sint in terra nostra". Also der — auch heute noch richtige — Gedanke der (je nachdem: s. mein oben zitiertes Buch S. 8) Retorsion oder Repressalie.

b) Amerika: Sieht man von einer öfters zitierten Konfiskationsverordnung der Konföderierten (also Aufständischer) aus dem Jahre 1861 ab, so darf es als feststehend gelten, daß entsprechende Maßnahmen jedenfalls keine Ipso-iure-Wirkung des Krieges sind. Das hat (im Gegensatz zu Richter Story) Chief Justice Marshall im Fall Brown v. United States (8 Crauch 110; Scott, Cases 1922, 555) mit aller Deutlichkeit ausgesprochen. Er erkennt zwar das alte Recht des Staatshauptes an, entsprechende Erklärungen zu erlassen, leugnet aber mangels solcher eine Konfiskation. Ihm hat Moore (VII, 312ff.) entgegengehalten, daß „the supposition that usage may render unlawful the exercise of a right, but cannot impair the right itself, is at variance with sound theory". In der Tat hat Marshall 20 Jahre später in United States v. Parcheman, J. Peters, 51, das Recht zur Konfiskation als dem modernen „usage of nations" zuwider selber bezeichnet: „that sense of justice and of right which is acknowledged and felt by the whole civilized world would be outraged if private property should be generally confiscated and private rights annulled". 1917 erklärte der amerikanische Alien Property Custodian, Mr. Palmer, ausdrücklich, der Zweck der Trading with the Enemy Act sei lediglich „to preserve enemy-owned property situated in the United States from loss, and, secondly, to prevent every use of it which may be hostile or detrimental to the United States" und er fügte hinzu: „there is, of course, no thought of the confiscation or dissipation of the property thus held in trust".

IV. Rückfall in Barbarei war es, wenn die Friedensverträge seit 1919 eine solche Konfiskation ausdrücklich aussprechen: Trotz der Entscheidung des Court of Appeal hat England nach Art. 177b des Friedens von Neuvilly das Recht zur Liquidation des in Enlgand befindlichen Vermögens König Ferdinands zugesprochen bekommen. Quellen: Scott, cases on international law, 1922, 550; Pitt Cobbett-Bellot, leading cases on international law, 4. ed., 1924, 71 ff.

Literatur:

Besonders die neueren anglo-amerikanischen Lehrbücher des Völkerrechts, insbesondere Hall-Pearce Higgins, A treatise on international law, 8. ed., 1924, 522ff. — Oppenheim-McNair, International law, II 4. ed.,1926, 219f. — Lawrence-Winfield, Principles of international law, 7. ed., 1925, 402ff. — Hyde, International law, II, 1922, 237ff. — Faner, Law Quarterly Review XXXVII, 1921, 218—241, 337—362. — Borchard, A. J. XVIII, 1924, 523ff. — Mullins, Transaction of the Grotius Society VIII, 1923, 89ff.

Dritter Probefall.

Sommaire:

Avis consultatif, concernant le sens et la portée du mot « établis » dans l'article 2 de la Convention de Lausanne du 30 janvier 1923 (relative à l'échange des populations grecques et turcqes), donné par la Cour à la date du 21 février 1925, en vertu d'une Résolution du Conseil de la Société des Nations, en date du 13 décembre 1924. (Publications série B No. 10.)

Cour permanente de justice internationale
1925. Le 21 février. Dossier F. c. XI. Rôle VI. 1.

Sixième session (extraordinaire).

Présents: MM. Huber, Président, Loder, Ancien Président, Weiß, Vice-Président. Juges: Lord Finlay, MM. Nyholm, Altamira, Oda, Anzilotti, Yovanovitch, Beichmann, Negulesco, Juges.

Avis Consultatif n° 10.

Échange des populations Grecques et Turques.
(Convention vi de Lausanne, 30 janvier 1923, Art. 2.)

A la date du 13 décembre 1924, le Conseil de la Société des Nations a adopté une Résolution ainsi conçue:

> « Le Conseil de la Société des Nations, ayant été prié par la Commission mixte pour l'échange des populations grecques et turques de prêter ses bons offices pour demander à la Cour permanente de Justice internationale de formuler un avis consultatif sur le différend se rapportant à l'interprétation de l'article 2 de la Convention concernant l'échange des populations grecques et turques, signée à Lausanne le 30 janvier 1923, a décidé de demander à la Cour permanente de Justice internationale de bien vouloir lui donner un avis consultatif sur la question suivante:
>
> « Quels sont le sens et la portée qui doivent être attribués, dans l'article 2 de la Convention de Lausanne du 30 janvier 1923, relative à l'échange des populations grecques et turques, au mot « établis » lequel a fait l'objet des discussions et thèses contenues dans le dossier communiqué par la Commission mixte ? Et quelles sont les conditions qui doivent être remplies par les personnes désignées dans l'article 2 de la Convention de Lausanne sous le nom d' « habitants grecs de Constantinople », pour que ces personnes puissent être considérées comme « établies » aux termes de la Convention et exemptées de l'échange obligatoire ? »

« Le Conseil invite la Commission mixte, ainsi que les deux Gouvernements qui y sont représentés, à se tenir à la disposition de la Cour pour lui fournir tous documents ou explications utiles. Il a l'honneur de transmettre à la Cour le dossier qui lui a été communiqué, ce dossier pouvant être complété ultérieurement, si cela est jugé nécessaire.

Le Secrétaire général est autorisé à soumettre cette Requête à la Cour, ainsi que tous documents relatifs à la question, à exposer à la Cour l'action du Conseil en la matière, à donner toute l'aide nécessaire à l'examen de l'affaire, et à prendre, le cas échéant, des dispositions pour être représenté devant la Cour. »

Faisant suite à cette Résolution, le Secrétaire général de la Société des Nations a adressé le 18 décembre 1924 à la Cour, une Requête pour avis consultatif, dans les termes suivants:

« Le Secrétaire général de la Société des Nations.

en exécution de la Résolution du Conseil du 13 décembre 1924 et en vertu de l'autorisation donnée par le Conseil,

a l'honneur de présenter à la Cour permanente de Justice internationale une Requête demandant à la Cour de bien vouloir, conformément à l'article 14 du Pacte, donner au Conseil un avis consultatif sur la question qui a été renvoyée à la Cour par la Résolution du 13 décembre 1924.

Le Secrétaire général se tiendra à la disposition de la Cour pour donner toute l'aide nécessaire à l'examen de l'affaire et prendre, le cas échéant, des dispositions pour être représenté devant la Cour. »

Conformément à l'article 73 du Règlement de la Cour, la Requête a été communiquée, par les soins du Greffe, aux Membres de la Société des Nations — par l'intermédiaire de son Secrétaire général —, ainsi qu'aux États mentionnés à l'annexe au Pacte. Elle a été également communiquée au Gouvernement de la Turquie comme État susceptible de fournir des renseignements sur la question, et à la Commission mixte pour l'échange des populations grecques et turques siégeant à Constantinople.

Vu le caractère éminemment urgent que revêtait, de par la nature des choses, la question au sujet de laquelle l'avis de la Cour avait été ainsi demandé, le Président décida, en vertu des pouvoirs à lui conférés par l'article 23 du Statut, de la convoquer en session extraordinaire pour le 12 janvier 1925.

Les Gouvernements grec et turc firent parvenir à la Cour, sur son invitation et dans le délai fixé, chacun un Mémoire sur l'affaire de l'interprétation de l'article 2 de la Convention concernant l'échange des populations grecques et turques, signée à Lausanne le 30 janvier 1923[1], et la Cour a entendu au cours des audiences du 16 janvier

[1] Le dossier dont il sera fait mention plus loin contient déjà des Mémoires provisoires des deux Gouvernements intéressés, destinés à la Cour, savoir, un Mémoire hellénique du 30 novembre 1924 et un Mémoire turc du 7 décembre 1924.

1925, les explications orales au sujet de cette affaire, qu'ont été admis à fournir, d'une part, sur demande du Gouvernement de la République hellénique, S. Exc. M. Politis, son ministre à Paris, et d'autre part, sur demande du Gouvernement de la Turquie, le Dr. Tevfik Rouchdy Bey, président de la délégation turque près la Commission mixte de Constantinople.

La Résolution susmentionnée du Conseil avait pour point de départ un télégramme adressé le 19 novembre 1924 au Secrétaire général de la Société des Nations par le président de la Commission mixte et conçu dans les termes suivants:

« Ai l'honneur vous communiquer que la Commission mixte dans sa séance 16 novembre a décidé recourir conformément contenu dernière partie conclusions rapport vicomte Ishii Conseil Nations Bruxelles date 31 octobre aux bons offices Conseil pour demander à Cour Justice Haye formuler avis consultatif sur le différend se rapportant à article 2 Convention Lausanne stop Dossier affaire suivra. »

Le dossier en question fut transmis par le président de la Commission mixte au Secrétaire général par une lettre datée à Constantinople le 6 décembre 1924; il fut reçu au Greffe de la Cour le 20 décembre.

I.

Etant donné la référence faite dans la Requête aux discussions et thèses contenues dans le dossier communiqué par la Commission mixte et dont le mot « établis » avait fait l'objet, il convient, avant toute autre chose, d'analyser ce dossier au point de vue de l'historique de la divergence en présence de laquelle la Cour se trouve.

Lors des négociations destinées à établir la paix avec la Turquie et qui se poursuivaient à Lausanne en 1922 et 1923, fut adoptée, entre autres instruments diplomatiques, une Convention concernant l'échange des populations grecques et turques; cette Convention, qui fut signée à Lausanne le 30 janvier 1923 par les délégués hellènes et turcs, entra en vigueur après la ratification par le Grèce et la Turquie du Traité de paix du 24 juillet 1923, c'est-à-dire le 6 août 1924. Elle prévoit, dans son article 11, la création dans le délai d'un mois à partir de son entrée en vigueur, d'une Commission mixte composée de quatre membres pour chacune des Hautes Parties contractantes et de trois membres choisis par le Conseil de la Société des Nations parmi les ressortissants des Puissances n'ayant pas participé à la guerre de 1914—1918. Les membres neutres furent désignés par le Conseil le 17 septembre 1923 et la Commission mixte entra ainsi en fonctions.

La Commission mixte a pour attributions, conformément à l'article 12, entre autres, de surveiller et faciliter l'émigration prévue par la Convention et d'en fixer les modalités; d'une façon générale, elle a tous pouvoirs pour prendre les mesures que nécessitera l'exécution de la Convention et de décider toutes les questions auxquelles cette Convention pourrait donner lieu.

Le principe de l'émigration dont il s'agit est formulé dans le premier article de la Convention, ainsi conçu:

« Il sera procédé dès le 1er mai 1923 à l'échange obligatoire des ressortissants turcs de religion grecque-orthodoxe établis sur les territoires turcs et des ressortissants grecs de religion musulmane établis sur les territoires grecs.

Ces personnes ne pourront venir se rétablir en Turquie ou, respectivement, en Grèce, sans l'autorisation du Gouvernement turc ou, respectivement, du Gouvernement hellénique. »

Cet article contient déjà le mot « établis ». C'est cependant au sujet du sens et de la portée de ce mot tel qu'il apparaît dans l'article 2 que l'avis de la Cour a été demandé; et article est rédigé dans les termes suivants:

« Ne seront pas compris dans l'échange prévu à l'article premier:

a) les habitants grecs de Constantinople;

b) les habitants musulmans de la Thrace occidentale.

Seront considérés commo habitants grecs de Constantinople tous les Grecs déjà établis avant le 30 octobre 1918 dans les circonscriptions de la préfecture de la ville de Constantinople, telles qu'elles sont délimitées par la loi de 1912.

Seront considérés comme habitants musulmans de la Thrace occidentale tous les Musulmans établis dans la région à l'est de la ligne-frontière établie en 1913 par le Traité de Bucarest. »

Suivant les indications du dossier présenté à la Cour (trente-et-unième session du Conseil de la Société des Nations, quatrième séance publique), il paraît que des difficultés concernant l'interprétation de l'article 2 de la Convention du 30 janvier 1923 se sont d'abord produites entre les délégations hellénique et turque près la Commission mixte; celles-ci ont décidé d'un commun accord de porter leurs divergences de vues devant la Commission afin que celle-ci tranchât la controverse. A cet effet, les deux délégations ont élaboré des Mémoires qu'elles ont soumis aux Membres neutres de la Commission. Ces membres ont, de leur côté, rédigé une « opinion sur le sens de l'article 2 de la Convention concernant l'échange des populations grecques et turques signée à Lausanne le 30 janvier 1923».

Lecture fut donnée des trois documents lors de la séance plénière que tint la Commission mixte le 4 septembre 1924.

Il résulte tant des procès-verbaux de cette séance que du texte des Mémoires grec et turc que les discussions et thèses relatives à l'interprétation du mot « établis » portaient à l'époque surtout sur les points suivants:

a) la question de savoir si l'article 2 de la Convention constituait une simple exception à article premier ou établissait, au contraire, dans le domaine de son application, le principe de la non changeabilité;

b) la question de savoir si, das la seconde éventualité, le principe de l'article 2 s'appliquait à certains territoires ou bien à certaines catégories de personnes;

c) la définition grammaticale du mot « établis », notamment par rapport au terme « domiciliés »;

d) la valeur de la législation nationale comme élément d'interprétation du mot « établis », notamment par rapport aux lois turques du 16 juin 1902 et du 14 août 1914 dites de noufouz;

e) la distribution de la compétence pour l'application du critérium de l'« établissement », entre la Commission mixte et les tribunaux nationaux.

A la séance suivante de la Commission mixte, tenue le 8 septembre, la proposition fut faite de saisir la Section juridique de la Commission de la question de l'interprétation de l'article 2 de la Convention. Une décision dans ce sens fut cependant prise seulement à la séance tenue le 15 septembre; à cette décision est attaché le vœu que l'étude de la question par la Section juridique soit terminée dans le délai le plus proche.

Les travaux de la Section juridique prirent fin le 1er octobre, où elle remit à la Commission plénière un rapport signé par son président.

Ce rapport reproduit d'abord le texte d'une décision prise à l'unanimité des membres de la Section, et ensuite un projet de résolution que, suivant le rapport, le Section avait également décidé d'adopter. Cette dernière décision avait cependant été prise à la majorité des voix, formée par celle du président neutre et des membres helléniques de la Section.

Le texte de la Résolution de la Section juridique relative au mot « établis », est ainsi conçu:

> « Doit être considéré comme « établi » dans l'une des régions exceptées de l'échange par l'article 2 de la Convention:
>
> 1° Tout habitant de ces régions inscrit dans les registres de l'état civil ou du cens de ces mêmes régions.
>
> 2° Toute personne ayant dans ces régions une résidence fixe unie à l'intention d'y demeurer d'une manière permanente. Cette intention résulte d'un ensemble de circonstances telles que l'exercice permanent d'une profession, d'un commerce ou d'une industrie, ou l'acquisition, en conformité des lois, d'une clientèle, ou encore le fait d'avoir conclu un contrat de travail de caractère durable ou d'avoir embrassé une profession dont la nature implique en général la prolongation durable de séjour ou de tout autre fait prouvant que la personne a le centre de ses occupations et de ses intérêts dans lesdites régions.
>
> Il appartient à la Commission mixte de décider des cas des personnes qui doivent être soumises à l'échange.
>
> Les femmes mariées, les veuves et les enfants mineurs suivent la condition des maris et des pères. Il en est de même des pères et des mères qui, de par la loi et les usages locaux, sont à la charge de leurs enfants. »

La Commission mixte plénière, saisie du rapport de sa Section juridique, devait se réunir le 2 octobre afin d'en discuter les termes. Cette séance ne put cependant pas avoir lieu.

Entre temps et jusqu'au 21 octobre, les autorités de Constantinople ont procédé — suivant le rapport de l'organisme compétent de la Commission mixte — « à l'envoi, en sompagnie des agents de police, aux hôpitaux de Baloukli, d'environ 4.500 Grecs au maximum, lesquels, d'après les listes établies par les différentes circonscriptions de la préfecture de la ville, étaient inscrits comme arrivés après le 30 octobre 1918».

Après les démarches faites par l'autorité internationale compétente auprès du Vali, ces mesures ont pris fin. Elles ont cependant donné lieu d'abord à des démarches de la part du président de la délégation hellénique près la Commission mixte, auprès du président de cette Commission, et ensuite à une lettre adressée par le chargé d'affaires de Grèce à Berne au Secrétaire général de la Société des Nations le 22 octobre 1924. Dans cette lettre, le Gouvernement hellénique, se basant sur l'article 11 du Pacte, fait appel à la Société des Nations pour inscrire à l'ordre du jour de la session que devait tenir le Conseil le 27 du même mois la question soulevée par les mesures dont il s'agit. Tout en invoquant principalement l'article 11 du Pacte, le Gouvernement hellénique estimait, suivant cette lettre, qu'également l'article 14 du Pacte pouvait jouer subsidiairement.

Faisant droit à cette demande, le Conseil inscrivit l'affaire à l'ordre du jour de sa trente-et-unième session et adopta à son sujet, d'accord avec les représentants des deux Gouvernements intéressés, un rapport invitant la Commission mixte à se réunir le plus tôt possible en séance plénière afin que les questions qui s'étaient posées au sujet de la Convention pussent être définitivement réglées. En même temps, le rapporteur, vicomte Ishii, ajoute:

« Si, toutefois, les membres de la Commission estimaient que la Convention soulève des questions présentant au point de vue juridique des difficultés qu'ils ne croiraient pas pouvoir résoudre au moyen de leur seule connaissance, il leur est toujours loisible de demander aux deux Gouvernements signataires de la Convention de soumettre la question à la Cour de Justice internationale, dont l'une des attributions spéciales est d'interpréter les traités. Le Conseil, j'en suis certain, serait également disposé, si la Commission mixte le désirait, à demander à la Cour de formuler un avis consultatif sur des points de ce genre. Si l'on a recours à une procédure de cette nature, il serait naturellement nécessaire, en attendant la décision de la Cour, que rien ne fût fait qui portât préjudice aux intérêts personnels et matériels des populations qui peuvent être directement ou indirectement affectés par la décision prise. »

Le rapport susvisé est daté du 31 octobre 1924.

La Commission mixte en fut saisie lors de la séance plénière qu'elle tint le 15 novembre. A cette occasion, elle soumit à nouveau à une discussion approfrondie la question de l'interprétation de l'article 2 de la Convention de Lausanne en tenant compte notamment du rapport du 1er octobre de sa Section juridique.

Au cours de débats, il apparut que la divergence d'opinions subsistait encore, du moins en grande partie. En même temps, cependant, fut avancé un argument qui n'avait pas auparavatn fait l'objet des délibérations de la Commission, bien qu'il eût été mentionné devant le Conseil par le représentant turc. Il avait trait à la répercussion de l'article 3 de la Convention du 30 janvier 1923 sur l'interprétation de l'article 2 de la même Convention et portrait sur le point de savoir si, suivant l'article 3, les Grecs ayant quitté depuis 1912 le territoire visé à l'article premier et qui se trouvent depuis le 18 octobre de cette année à Constantinople, devront être considérés comme soumis à l'échange.

L'article 3 de la Convention est ainsi conçu:

« Les Grecs et les Musulmans ayant déjà quitté depuis le 18 octobre 1912 les territoires dont les habitants grecs et turcs doivent être respectivement échangés, seront considérés comme compris dans l'échange prévu dans l'article premier.

L'expression « émigrant » dans la présente Convention comprend toutes les personnes physiques et morales devant émigrer ou ayant émifré depuis le 18 octobre 1912. »

La question de la situation du Patriarcat œcuménique et du personnel y attaché, également mentionnée devant le Conseil, mais par le représentant hellénique, ne fut pas soulevée dans le sein de la Commission mixte.

A la séance suivante, tenue le 16 novembre, le président de la Commission constata que l'assemblée plénière était d'accord, à l'unanimité, pour prier le Conseil de la Société des Nations de bien vouloir demander à la Cour permanente de Justice internationale de La Haye un avis consultatif sur le conflit surgi au sujet de l'interprétation de l'article 2 de la Convention de Lausanne.

C'est à la suite de la décision ainsi constatée que le président de la Commission expédia au Secrétaire général de la Société des Nations le télégramme dont le texte est reproduit au début du présent avis.

Les thèses grecques ont été énoncées en définitive par Son Excellence M. Politis, dans son exposé oral, sous cette forme:

« 1° Que le mot « établis » désigne les personnes habitant Constantinople qui y avaient fixé leur résidence avant le 30 octobre 1918 avec l'intention d'y demeurer habituellement.

2° Que, pour être exempté de l'échange, il faut d'une part être arrivé à Constantinople avant la date du 30 octobre 1918, de quelque provenance que ce soit, que ce soit de la province ou de l'étranger, et, d'autre part, avoir manifesté avant cette même date, soit par une formalité officielle, soit par une attitude non équivoque telle que, par exemple, l'exercice d'une profession permanente, d'un commerce, d'une industrie, etc., soit de toute autre manière analogue que la Commission mixte aura compétence exclusive pour apprécier souverainement par tous les moyens de preuve, par témoins comme par écrit ou même sur la base de simples indices, l'intention d'y avoir le centre de ses intérêts et de ses occupations.

3° Que sont en outre exemptés de l'échange, en dehors de toute considération d'établissement à Constantinople, les prélats de l'Eglise orthodoxe qui, à raison de leurs fonctions, doivent y résider pour assurer le fonctionnement du Patriarcat œuménique dans les termes convenus à Lausanne le 10 janvier 1923 entre la Turquie et les Puissances alliées. »

Tevfik Rouchdy Bey n'a pas formulé de conclusions expresses, mais il a, dans le Mémoire présenté le 10 janvier 1925 au nom du Gouvernement ottoman, fait le résumé suivant de son avis:

« Il y a en Turquie une loi concernant les individus établis. Cette loi s'applique sans distinction aux minorités comme à la majorité du pays. Il va sans dire que chercher, pour quelque raison que ce soit, à suspendre l'application de cette loi à une partie quelconque des citoyens d'un pays, s'est vouloir accorder un privilège à ceux-ci, et c'est aussi, d'autre part, porter atteinte aux droits des autres minorités et de la majorité. Tant qu'il ne sera pas prouvé que la loi en question est appelée à être modifiée ou suspendue par les stipulations de la Convention, on ne saura toucher à cette loi sans attenter aux droits de souveraineté du peuple et de l'État turcs.

Il est admis que le fait d'avoir manqué à l'accomplissement d'une formalité n'entraîne pas la perte des droits acquis. Mais, par ailleurs, ces droits acquis ne peuvent exister sans des conditions essentielles s'y rapportant. Encore faut-il que la procédure tendant à réparer cette omission soit accomplie par le gouvernement intéressé, qui aura à tenir compte de sa propre législation en la matière, et que la situation de fait soir prouvée par un ensemble de conditions devant les tribunaux du pays, ainsi qu'il est prévu dans le procès-verbal ci-annexé[1], et concernant précisément ce terme. En dehors de ces conditions, toute décision ou acte impliquant la non-observation par les citoyens d'un pays des lois de ce pays entraîne l'anarchie administrative, et peut porter préjudice à la paix intérieure de la nation intéressée.

Aucun gouvernement ne saurait admettre la modification ou la suspension de lois autres que celles qui ont clairement été visées dans des actes signés par lui, et demander qu'il le fasse serait dépasser les limites des engagements pris. »

Dans son exposé oral devant la Cour, le Dr. Tevfik Rouchdy Bey a déclaré que la Cour, n'ayant pas été régulièrement saisie de la question du Patriarcat œcuménique, qui est pour la Turquie une question d'ordre intérieur, ne doit pas la prendre en considération.

Dans l'échange de vues qui a eu lieu tant dans la Commission mixte que devant le Conseil de la Société des Nations et devant la Cour, ce qui est connu des travaux préparatoires de la Convention

---

[1] Procès-verbal n° 1 de la troisième sous-commission de la deuxième Commission (Régime des étrangers) de la Conférence de Lausanne.

du 30 janvier 1923 a joué un rôle très important. La Cour est cependant d'opinion qu'il n'est pas nécessaire pour elle, dans le présent avis, de donner un exposé d'ensemble de ces travaux. Elle ne s'y référera que pour autant qu'elle estime indispensable de ce faire, au cours de l'examen juridique qu'elle va maintenant aborder de la question à elle soumise.

II.

La Requête adressée à la Cour par le Conseil de la Société des Nations pose deux questions qui, dans la forme, sont nettement distinctes l'une de l'autre. Toutefois, la Cour estime qu'il existe entre elles des liens très étroits. La seconde question demande « quelles sont les conditions qui doivent être remplies par les personnes désignées dans l'article 2 de la Convention de Lausanne sous le nom d' « habitants grecs de Constantinople », pour que ces personnes puissent être considérées comme « établies » aux termes de la Convention et exemptées de l'échange obligatoire ». De l'avis de la Cour, elle a principalement pour objet de développer et de préciser au point de vue pratique certains aspects de la réponse qui sera donnée par la Cour à la première question, savoir, « quels sont le sens et la portée qui soivent être attribués, dans l'article 2 de la Convention de Lausanne du 30 janvier 1923, relative à l'échange des populations grecques et turques, au mot « établies ». »

La Requête se réfère pas à la situation particulière du Patriarcat œcuménique de Constantinople, telle qu'elle résulterait, entre autres, d'après l'exposé oral de S. Exc. M. Politis, des décrets d'investiture appelée bérats donnés aux patriarches successifs, et d'un accord qui serait intervenu à Lausanne le 10 janvier 1923 entre la Turquie et les Puissances alliées. Or, si le Conseil avait aussi désiré connaître l'avis de la Cour sur ce point, qui fut l'objet de discussions à Lausanne, il n'aurait pas manqué de le dire expressément. C'est pourquoi la Cour ne se considère pas comme étant saisie de cette question.

La Cour est appelée à déterminer le sens et la portée du mot « établis » non pas in abstracto, mais seulement dans l'article 2 de la Convention de Lausanne. Elle constate, en premier lieu, que la divergence quant au sens et à la portée du mot « établis » constitue un différend relatif à l'interprétation d'un traité et, comme tel, soulève une question de droit international. Il ne s'agit pas, en effet, d'un rapport de droit interne entre l'administration et la population: la divergence intéresse deux États qui ont conclu une Convention dont le but est d'échanger certaines parties de leurs populations; et le critérium fourni par le mot « établis », employé dans l'article 2 de cette Convention, doit précisément servir à permettre aux États contractants de distinguer la partie échangeable de leurs populations respectives, de celle qui ne l'est point.

La Convention, après avoir posé, dans son article premier, le principe général de l'échange des ressortissants turcs de religion grecque-orthodoxe établis en Turquie et des ressortissants hellènes de religion musulmane établis en Grèce, soustrait audit échange, dans son article 2, d'un côté les habitants grecs de Constantinople et de l'autre les habitants musulmans de la Thrace occidentale.

La limitation ainsi apportée au principe de l'échange a été déterminée par plusieurs raisons. En ce qui concerne les habitants grecs de Constantinople, il y a eu, entre autres, celle d'éviter à cette ville la perte qui aurait été la conséquence de l'exode d'une population qui en constitue l'un des plus importants facteurs économiques et commerciaux.

C'est donc la population grecque de Constantinople pu'on a voulu exempter de l'échange obligatoire, ainsi qu'il ressort clairement des mots « habitants grecs de Constantinople».

Comme, toutefois, la Turquie, pour des raisons que la Cour n'a pas à connaître, ne voulait pas être obligée de garder à Constantinople des Grecs y ayant immigré après la date de l'armistice de Moudros, la Convention vise non pas l'ensemble de la population grecque de Constantinople au moment actuel, mais seulement les éléments de cette population qui étaient déjà constitués à la date du 30 octobre 1918.

C'est en partant de ces considérations que la Cour examinera d'abord le sens et la portée du mot « établis » à un point de vue général et, en second lieu, la question de savoir si la situation indiquée par ce mot doit être déterminée à l'aide des lois en vigueur dans les deux pays intéressés.

La Convention ayant été rédigée en français, il est naturel de tenir compte du sens que revêt, dans cette langue, le terme litigieux. A cet égard, il paraît constant que l'établissement, tant d'après l'étymologie de ce mot, substantif du verbe « établir », que dans les habitudes courantes du langage, comporte deux éléments essentiels, savoir: la résidence et la stabilité, en entendant par là l'intention de maintenir d'une manière durable la résidence dans un endroit déterminé.

En l'espèce, le mot « établis », étant employé pour désigner une partie des habitants grecs de Constantinople, comprend tout naturellement ceux desdits habitants qui, à la date du 30 octobre 1918, résidaient déjà à Constantinople avec l'intention d'y rester d'une manière durable.

Une idée voisine de celle qui vient d'être exprimée pour préciser la notion d'établissement se trouve au fond de la notion du domicile dans plusieurs législations modernes. Mais il n'en dérive aucunement que les deux expressions se couvrent, ainsi qu'il a été parfois soutenu au nom du Gouvernement turc. Il arrive quelquefois qu'on emploie le mot « domicile» pour indiquer une situation de fait analogue à celle que l'on indique par le mot « établissement». Mais si l'on parle de domicile dans un sens technique, et partant en rapport avec une législation déterminée, on voit qu'il y a ou qu'il peut y avoir des cas dans lesquels les deux notions de domicile et d'établissement ne coïncident pas. La question de savoir si un texte vise une simple situation de fait ou un domicile dans le sens juridique est une question d'interprétation.

A ce point de vue, il y a donc lieu d'examiner la question de savoir si la Convention, soit expressément, soit de façon tacite, a voulu renvoyer à la législation nationale pour déterminer quelles personnes doivent être regardées comme « établies ».

De renvoi exprès, on n'en trouve aucun. Reste à voir si la Convention renvoie tacitement aux lois nationales sur le point qui occupe la Cour.

Il y a lieu d'observer tout d'abord qu'un renvoi tacite ne découle pas nécessairement de la nature du fait envisagé par la Convention. Tandis que la qualité de ressortissant d'un État ne peut se fonder que sur la loi de cet État et que, partant, toute convention qui se réfère à ladite qualité renvoie tacitement à la loi nationale, rien n'exige que l'attache locale indiquée par le mot « établis » soit déterminée par application d'une loi quelconque. Il se peut fort bien que la Convention ait envisagé un simple état de fait, suffisamment déterminé par la Convention même, en dehors de tout renvoi aux lois nationales.

La Cour est d'avis que tel est précisment le cas pour ce qui concerne la qualité d' « établi » dans l'article 2 de la Convention. Ainsi qu'il a été dit ci-dessus, le mot « établis » en relation avec la date et les lieux indiqués dans cet article, doit servir à distinguer la partie échangeable de la partie non échangeable, aussi bien de la population grecque de Constantinople que de la population musulmane de la Thrace occidentale. Il n'est guère probable qu'on ait voulu fixer ce critérium par un renvoi aux lois nationales. C'est un fait bien connu que les lois des différents États envisagent pour les personnes plusieurs espèces d'attaches locales et les règlent de diverses manières L'application des lois turques et grecques aurait eu probablement pour conséquence des incertitudes, des difficultés et des longueurs incompatibles avec la rapidité d'exécution qu'on a toujours regardée comme essentielle à la Convention dont il s'agit. En outre, il se pourrait très bien que, par le renvoi aux lois turques et grecques, la répartition de la population se fît d'une manière différente en Turquie et en Grèce; cela ne serait pas non plus conforme à l'esprit de la Convention qui, sans doute, se propose d'assurer le même sort aux populations grecques et turques par une application identique et réciproque de dispositions égales sur les territoires des deux États. Il n'y a d'ailleurs aucun indice que les auteurs de la Convention aient, de quelque manière que ce soit, pris en considération les lois locales lorsqu'ils ont adopté le mot qui a donné lieu à la présente controverse. Tout porte donc à croire que, sur ce point, la Convention se suiiit à elle-même et que la Commission mixte doit déterminer la qualité d'habitant établi d'après le sens naturel des mots, tel qu'il e été expliqué ci-dessus.

La délégation turque, cependant, a prétendu que la Convention renvoie aux lois nationales et se fonde, entre autres, sur l'article 18 qui dispose que:

> « Les Hautes Parties contractantes s'engagent à apporter à leurs législations respectives les modifications qui seraient nécessaires pour assurer l'exécution de la présente Convention. »

Mais cette clause ne fait que mettre en relief un principe allant de soi, d'après lequel un État qui a valablement contracté des obligations internationales est tenu d'apporter à sa législation le modifications nécessaires pour assurer l'exécution des engagements pris. La nature spéciale de la Convention pour l'échange des populations grecques et turques, touchant de très près á des matières qui sont réglées par les législations nationales et posant des principes qui sont en contraste avec certains droits généralement reconnus aux individus, explique fort bien que l'on ait expressément formulé la clause contenue dans l'article 18. Mais, de ce que les Parties contractantes se sont obligées à mettre leurs législations respectives en harmonie avec la Convention, il ne dérive aucunement que celle-ci renvoie aux lois nationales pour autant qu'elles ne sont pas contraires à la Convention.

Il est vrai que, dans la discussion orale, le Dr. Tevfik Rouchdy Bey a encore remarqué que le fait qu'on cherche un critérium pour fixer le sens du mot « établis » démontre qu'on est en présence d'une notion juridique. Il en a conclu qu'un tel critérium ne pourrait être trouvé que dans la législation nationale des États contractants. A cet argument, il y a lieu de répondre que si une expression qui par elle-même n'est pas juridique est employée dans une convention qui en fait découler des effets juridiques, il ne s'ensuit nullement que ce critérium doive être demandé aux législations nationales des États contractants.

D'autre part, l'objection de la délégation turque, prétendant que la non-application des lois nationales aboutirait à une inégalité de traitement entre diverses catégories de ressortissants turcs, habitants de Constantinople, n'a pas grande portée, car si une personne est reconnue comme non échangeable en vertu de la Convention de 1923, elle demeure certainement soumise à la loi turque sur tous les points qui sont étrangers à la question de l'échangeabilité.

Si la délégation turque a soutenu la thèse du renvoi tacite à la législation nationale, cela paraît être surtout parce que, selon elle, la solution contraire aurait pour conséquence de porter atteinte à la souveraineté nationale. Mais, ainsi que la Cour a déjà eu l'occasion de le rappeler dans son arrêt en l'affaire du Wimbledon, « la faculté de contracter des engagements internationaux est précisément un attribut de la souveraineté de l'État ». Dans le cas actuel, d'ailleurs, les obligations des États contractants sont absolument égales et parfaitement réciproques. Dès lors, il n'est pas possible d'admettre que la Convention qui engendre de telles obligations, interprétée d'après son sens naturel, ait porté atteinte à la souveraineté des Hautes Parties contractantes.

Ayant ainsi exclu le renvoi aux lois nationales, la Cour ne croit pas devoir examiner la question de savoir si telles ou telles dispositions des lois turques de 1902 et 1914 sont ou ne sont pas contraires à la Convention.

La délégation turque a soutenu, en se fondant encore sur les droits de la souveraineté, qu'il devrait appartenir aux tribunaux nationaux de déterminer, le cas échéant, si une personne est établie ou non au sens de l'article 2. Mais, ainsi qu'il vient d'être dit, la souveraineté nationale n'est pas mise en cause par la Convention en question. Or, c'est précisément cette Convention qui, dans son article 12, confère à la Commission mixte « tous pouvoirs de prendre les mesures que nécessitera l'exécution de la présente Convention et de décider toutes les questions auxquelles cette Convention pourrait donner lieu ». Au surplus, le renvoi aux tribunaux nationaux ne serait guère compatible avec la rapidité d'exécution qui, ainsi qu'il a été déjà mentionné, a été toujours considérée comme réclamée par la nature et les buts de la Convention.

D'ailleurs, la compétence exclusive de la Commission mixte pour la détermination de la nationalité des personnes soumises à l'échange a déjà été affirmée par celle-ci dans sa décision du 4 avril 1924: il ne semble pas qu-il y ait eu, à ce propos, aucune protestation ni réserve de la part de l'un ou de l'autre des gouvernements intéressés. Il ne serait pas facile de comprendre pourquoi la Commission mixte serait seule compétente pour trancher les questions de nationalité, qui, sans doute, demandent à être résolues par application des lois nationales, et ne le serait pas pour vérifier l'existence des autres conditions requises par l'article 2 de la Convention.

La Commission mixte sera donc seule compétente pour examiner, dans chaque cas particulier, si un habitant grec de Constantinople est établi conformément à l'article 2 de la Convention, pour pouvoir être exempté de l'échange obligatoire.

La délégation turque s'est appuyée avec une insistance particulière sur les paroles de M. Fromageot qui, interrogé par Chukri Bey[1], aurait reconnu la compétence des tribunaux ottomans en matière d'établissement.

Cependant, la réponse de M. Fromageot se rapportait à l'établissement sur les territoires détachés de la Turquie de ressortissants turcs dont la nationalité était affectée par le transfert de territoire. Or, cette matière fait l'objet des articles 30 et suivants du Traité de paix conclu à Lausanne le 24 juillet 1923.

On se trouve donc en présence d'un autre instrument réglant une matière différente et n'instituant aucun organe international analogue à la Commission mixte prévue par les articles 11 et suivants de la Convention d'échange. Il en résulte qu'on ne peut tirer des paroles de M. Fromageot aucun argument en faveur de la thèse dont il s'agit.

III.

En ce qui concerne la deuxième partie de la question posée à la Cour, relative aux conditions à remplir par les habitants grecs de Constantinople pour être considérés comme établis et exemptés

[1] Premier procès-verbal de la troisième sous-commission de la deuxième Commission (Régime des étrangers) de la Conférence de Lausanne.

de l'échange obligatoire, la Cour tient à rester dans le cadre tracé par les discussions et thèses résultant du dossier qui lui a éte transmis. En effet, elle estime n'être ni appelée à donner d'avance des solutions à tous les problèmes qui pourront surgir quant à l'application de l'article 2 de la Convention du 30 janvier 1823, ni d'ailleurs suffisamment renseignée pour ce faire. C'est ainsi que la Cour est sans aucune information au sujet de l'existence éventuelle de personnes qui, possédant des bureaux, études, ateliers, etc., à Constantinople, demeureraient avec leurs familles aux environs de cette ville.

Il s'agit de distinguer, en ce qui concerne la population grecque de Constantinople, entre les habitants qui se sont établis dans cette ville déjà avant la date du 30 octobre 1918 et les autres, ceux qui ne s'étaient pas encore établis à cette date.

On peut dire que le mot « établis », tel qu'il est employé dans l'article 2, n'a pas d'autre fonction que d'exprimer qu'il s'agit des habitants d'une certaine localité à une certaine époque. Toutefois, le choix de ce mot « établis » sert à souligner que, pour qu'une personne puisse être considérée comme habitant, il faut que la résidence ait un caractère durable, et cela déjà à l'époque en question. Les personnes qui alors ne résidaient à Constantinople qu'en qualité de simples visiteurs ne peuvent donc être considérées comme soustraites à l'échange.

Le degré de stabilité nécessaire n'est pas susceptible d'une définition précise. Mais la Cour estime que les habitants qui se trouvaient déjà avant le 30 octobre 1918 dans les conditions mentionnées à titre d'exemples dans le n^{0} 2 de la Résolution adoptée le 1er octobre 1924 par la Section juridique de la Commission mixte (p. 12 ci-dessus), doivent être considérés comme ayant été « établis » au sens de l'article et par conséquent exemptés de l'échange, même s'ils sont venus à Constantinople avec l'intention d'y faire fortune et de retourner plus tard à leur lieu d'origine. Pendant leur résidence à Constantinople, on doit les considérer comme « établis », car cette résidence présente le caractère de stabilité qui est la condition nécessaire de l'« établissement ».

Ainsi qu'elle l'a déjà fait observer, la Cour ne peut pas prévoir d'avance les différents cas qui pourront se présenter devant la Commission mixte. Elle estime, faute d'informations suffisantes fournies par les thèses et discussions qui lui ont été soumises, devoir s'abstenir d'envisager des solutions concrètes pour les problèmes complexes que soulève l'application de l'article 2 à des personnes qui, tout en appartenant à une même famille, ne satisfont pas individuellement aux conditions posées par cet article. Les pouvoirs conférés à la Commission mixte par l'article 12 permettent à celle-ci de statuer en équité, dans le cadre tracé par les règles de la Convention, sur tout point litigieux. La Convention garde le silence au sujet de la question de l'unité de la iamille. Si, dans ces conditions, la définition adoptée par la Cour pour déterminer quels sont les habitants établis pouvait sembler, dans certaines éventualités, conduire, en ce qui concerne les familles, à des conséquences déraisonnables ou manifestement iniques, le silence de la Convention ne saurait être interprété comme privant la Commission mixte de la faculté d'examiner jusqu'à quel point la Convention est présumée faire prévaloir le critérium d'établissement, dans les conditions de temps et de lieu indiquées par l'article 2, sur les rapports de famille en question.

Aucune restriction de provenance n'étant mentionnée dans l'article 2, il est évident que les habitants grecs de Constantinople, quel que soit le lieu d'où ils sont venus s'établir en cette ville, sont exemptés de l'échange obligatoire s'ils remplissent les conditions prévues par l'article 2 de la Convention.

La délégation turque prétendait devant la Commission mixte qu'en vertu de l'article 3 les Grecs de Constantinople venant de régions soumises à l'échange et qui seraient arrivés à Constantinople depuis le 18 octobre 1912, sont échangeables.

Cette thèse — à supposer qu'elle doive être considérée comme maintenue après les déclarations orales faites devant la Cour par le Dr. Levfik Rouchdy Bey — méconnaît le sens de l'article 3 et les dispositions de l'article 2.

Il est évident que le 30 octobre 1918 est la date décisive fixée par l'article 2 pour tous les habitants grecs établis à Constantinople. Il serait donc contraire à une saine interprétation de modifier indirectement, pour un certain nombre d'entre eux, cette disposition positive par une date fixée dans un autre article réglant une situation différente. Cela serait d'autant plus inadmissible que — selon les explications fournies à la Cour de la part du Gouvernement hellénique et qui n'ont pas été contredites — l'application de la date du 18 octobre 1912 aux habitants grecs de Constantinople qui sont venus s'établir entre cette date et celle du 30 octobre 1918 priverait l'article 2, qui a fait à Lausanne l'objet de longues discussions, d'une grande partie de sa valeur pratique.

On arrive à la même conclusion, qui écarte la thèse turque relative aux rapports entre les articles 2 et 3, si l'on interprète l'article 3 — comme la Cour l'estime justifié — à la lumière de l'article 10 qui vise expressément des personnes « ayant déjà quitté les territoires des Hautes Parties contractantes », c'est-à-dire des personnes qui sont émigrées dans un pays étranger. Or, c'est précisément l'article 3 qui contient la définition de l'émigrant, et c'est pourquoi l'expression « quitter les territoires », dans cet article, ne vise pas un mouvement de la population dans l'intérieur de l'État, mais bien l'émigration en dehors du pays.

La Cour ne croit pas devoir s'attarder à examiner la question de savoir de quelle manière doit être démontrée devant la Commission mixte l'existence des conditions requises à l'article 2 de la Convention pour qu'une personne soit considérée comme établie et exemptée de l'échange. Cette question n'a pas été discutée devant la Cour et il ne résulte pas du dossier qu'elle ait donné lieu, dans la pratique, à des difficultés sérieuses. Il suffit de constater qu'étant donné les pouvoirs très étendus dont la Commission mixte est revêtue, elle pourra statuer, dans chaque cas, sur la manière de prouver les conditions susdites.

PAR CES MOTIFS,

Le Cour est d'avis:

1° Que le mot « établis » dans l'article 2 de la Convention de Lausanne du 30 janvier 1923, relative à l'échange des populations grecques et turques, a pour but d'indiquer les conditions de temps et de lieu dont dépend l'échangeabilité des Grecs et des Musulmans qui habitent respectivement Constantinople ou la Thrace occidentale; que ce mot vise une situation de fait constituée pour les habitants par une résidence ayant un caractère durable;

2° Que, pour que les personnes désignées par l'article 2 de la Convention de Lausanne sous le nom d'« habitants grecs de Constantinople » puissent être considérées comme « établies » aux termes de la Convention et exemptées de l'échange obligatoire, elles doivent habiter dans les limites de la préfecture de la ville de Constantinople telles qu'elles sont fixées dans la loi 1912; y être arrivées, de quelque lieu que ce soit, à une date antérieure au 30 octobre 1918; et avoir eu, dès avant cette dernière date, l'intention d'y résider d'une manière durable.

Le présent Avis ayant été rédigé en français et en anglais, c'est le texte français qui fera foi.

Fait au Palais de la Paix, à La Haye, le 21 février mil neuf cent vingt-cinq, en deux exemplaires dont l'un restera déposé aux archives de la Cour et dont l'autre sera transmis au Conseil de la Société des Nations.

Le Président:
(Signé) Max Huber.
Le Greffier:
(Signé) Å. Hammarskjöld.

Enzyklopädie der Rechts- und Staatswissenschaft

Herausgegeben von

Dr. **Eduard Kohlrausch** — Professor an der Universität Berlin

Dr. **Walter Kaskel** — Professor an der Universität Berlin

Dr. **Arthur Spiethoff** — Professor an der Universität Bonn

Bereits erschienene Bände:

1. **Rechtsphilosophie.** Von Prof. Dr. **Max Ernst Mayer †,** Frankfurt a. M. Zweite, unver. Auflage. VIII, 98 Seiten. 1926. RM 4.80

2\. 3. **Römisches Recht: Geschichte und System des Römischen Privatrechts** von Prof. Dr. **Paul Jörs,** Wien, nebst **Abriß des Römischen Zivilprozeßrechts** von Prof. Dr. jur. et phil. **Leopold Wenger,** Wien. XVI, 289 Seiten. 1927. RM 18.—

5. **Grundzüge des deutschen Privatrechts nebst Anhang: Quellenbuch.** Von Prof. Dr. **Hans Planitz,** Köln a. Rh. Mit 2 Abb. X, 192 S. 1925. RM 8.70

6. **Rechtsentwicklung in Preußen.** Von Prof. Dr. **Eberhard Schmidt,** Kiel. VI, 41 Seiten. 1923. RM 1.80

7. **Bürgerliches Recht.** Allgem. Teil. Von Geh. Justizrat Prof. Dr. **Andreas von Tuhr †,** Zürich. Zweite, unveränd. Aufl. VI, 66 S. 1926. RM 2.80

8. **Bürgerliches Recht. Recht der Schuldverhältnisse.** Von Prof. Dr. **Heinrich Titze,** Berlin. Zweite, verbesserte Aufl. VI, 141 S. 1926. RM 6.90

9. **Bürgerliches Recht. Sachenrecht.** Von Prof. Dr. **Julius von Gierke,** Halle a. S. VIII, 167 Seiten. 1925. RM 6.60

10. **Bürgerliches Recht. Familienrecht.** Von Prof. Dr. **Heinrich Mitteis,** Köln. VI, 65 Seiten. 1923. RM 2.80

11. **Bürgerliches Recht. Erbrecht.** Von Prof. Dr. **Julius Binder,** Göttingen. VI, 83 Seiten. 1923. RM 3.20

12. **Handelsrecht mit Wechsel- und Scheckrecht.** Von Dr. **Karl Heinsheimer,** Geh. Hofrat, Professor an der Universität Heidelberg. Zweite, erweiterte Aufl. VIII, 160 S. 1927. RM 7.50

13. **Privatversicherungsrecht.** Von Geh. Hofrat und Geh. Justizrat Prof. Dr. **Victor Ehrenberg,** Leipzig. V, 25 Seiten. 1923. RM 1.50

14. **Urheber- und Erfinderrecht.** Von Geh. Hofrat Prof. Dr. **Philipp Allfeld,** Erlangen. VI, 21 Seiten. 1923. RM 1.40

15. **Internationales Privatrecht.** Von Prof. Dr. **Karl Neumeyer,** München. VI, 33 Seiten. 1923. RM 1.60

18. **Konkursrecht.** Von Geh. Hofrat Prof. Dr. **Ernst Jaeger,** Leipzig. 170 Seiten. 1924. RM 6.90

19. **Freiwillige Gerichtsbarkeit.** Von Prof. Dr. **Friedrich Lent,** Erlangen. 30 Seiten. 1925. RM 2.70

21. **Strafprozeßrecht.** Von Geh. Hofrat Prof. Dr. **Karl von Lilienthal,** Heidelberg. VI, 97 Seiten. 1923. RM 3.20

23. **Allgemeine Staatslehre.** Von Prof. Dr. **Hans Kelsen,** Wien. XVII, 433 Seiten. 1925. RM 21.—; geb. RM 26.—

26. **Österreichisches Verfassungsrecht.** Von Minist.-Rat Prof. Dr. **Leo Wittmayer,** Wien. VI, 27 Seiten. 1923. Nachtrag 1926. 8 Seiten. RM 2.55

27. **Ausländisches Staatsrecht.** I. Verfassungsrecht der angelsächsischen Staatenwelt. Von Prof. Dr. **Otto Koellreutter,** Jena. VI, 31 Seiten. 1923. 2. Verfassungsrecht der übrigen europäischen Staaten. Von Prof. Dr. **Hans Gmelin,** Gießen. IV, 38 Seiten. 1923. RM 3.—

28. **Steuerrecht.** Von Prof. Dr. **Albert Hensel,** Bonn a. Rh. Zweite, völlig neubearbeitete Auflage. Mit 5 Tabellen. XII, 197 Seiten. 1927. RM 10.50

29. **Kirchenrecht.** Von Geh. Justizrat Prof. Dr. **Erwin Ruck,** Basel. VI, 84 Seiten. 1926. RM 3.90

31. **Arbeitsrecht.** Von Prof. Dr. **Walter Kaskel,** Berlin. Zweite Auflage. XX, 352 Seiten. 1925. RM 15.—

34. **Geschichte der Volkswirtschaftslehre.** Von Prof. Dr. **Edgar Salin,** Heidelberg. 42 Seiten. 1923. RM 1.80

35. **Die Ordnung des Wirtschaftslebens.** Von Geh. Reg.-Rat Prof. Dr. **Werner Sombart,** Berlin. VI, 64 Seiten. 1925. RM 3.60

39. **Gewerbepolitik.** Von **Kurt Wiedenfeld.** X, 213 Seiten. 1927. RM 9.60

48. **Gesellschaftslehre.** Von Prof. Dr. **Carl Brinkmann,** Heidelberg. 40 Seiten. 1925. RM 2.40

51. **Chemische Technologie.** Von Prof. Dr. **Arthur Binz,** Berlin. Mit 11 Abbildungen. 81 Seiten. 1925. RM 3.90

GPSR Compliance

The European Union's (EU) General Product Safety Regulation (GPSR) is a set of rules that requires consumer products to be safe and our obligations to ensure this.

If you have any concerns about our products, you can contact us on ProductSafety@springernature.com

In case Publisher is established outside the EU, the EU authorized representative is:

Springer Nature Customer Service Center GmbH
Europaplatz 3
69115 Heidelberg, Germany

Batch number: 10844627

Printed by Printforce, the Netherlands